신화의 숲

일러두기

책에서는 내용을 보다 생생하게 전하기 위해 신, 영웅, 지역 등의 이름을 쓸 때 국립국어원 표준국어대사전 기준이 아닌 고대 그리스어와 라틴어식 표기를 따랐습니다. 이를테면 '오디세우스' 대신 '오뒷세우스'를, '미케네' 대신 '뮈케네'를 사용했습니다.

신비로운 옛 신전이 품은 26가지 이야기 씨앗

신화의 숲

김헌 지음

포레스트북스

신화,
신 그리고 인간의 이야기

신화의 숲으로 들어가면 누구를, 무엇을 만날 수 있을까요? '신화神話'는 '신들의 이야기'이니 그 숲으로 들어가면 신들도 만나고 그들과 관련된 이야기도 들을 수 있겠지요? 한자 '신神' 자는 흥미로운 뜻을 담고 있습니다. 이 글자는 '보인다, 보여준다'라는 뜻의 '시示'와 '편다, 펼친다'라는 뜻의 '신申'이 합해진 것이래요. '시示'는 신들에게 제사를 드릴 때 사용되는 제단의 모양에서 가져온 것이에요. 인간들이 신에게 제물이나 향을 올려 바치면서 정성을 '보인다'는 뜻입니다. 그러면 신도 감추어진 존재를 어떤 방식으로든 드러낸다고 생각했던 것이지요.

그렇다면 신은 어떤 모습으로 자신을 보여줄까요? '신神' 자는 하늘에서 천둥과 함께 땅으로 내리꽂히는 번개의 모습에서 가져온 것이에요. 번개란 구름과 구름, 구름과 땅 사이에 공중 전기가 방전되면서 일어나는 엄청난 불꽃으로 하나의 자연현상이지만 옛사람들은 하늘에 전지전능한 막강한 존재가 살고 있고, 그분이 인간들에게 진노했을 때 표출하는 격정이라고 생각했던 거예요. 신이라는 글자만 봐도 동양이나 서양이나 생각하는 것이 비슷했나 봅니다. 그리스 로마 신화에서도 최고의 신 제우스, 윱피테르Iuppiter(로마에서 제우스를 부르는 이름)는 번개와 천둥의 신이라고 하니까요.

이처럼 인간의 이해 범위와 능력을 넘어서는 초월적 존재를 신이라고 생각했습니다. 그래서 우리가 깜짝 놀랄 만한 일, 이해하기 힘든 일이 벌어지면 '신기하다', '신비롭다'라며 '신'을 언급하니까요. 그리스인들은 '신'을 '테오스Theos'라고 하는데 이 말에도 '놀랍다'라는 뜻이 들어 있습니다. 동양이나 서양이나 인간 한계 너머의 놀랍고 신비로운 존재를 생각할 때 신을 떠올렸던 것이지요. 그런데 그것은 인간의 상상력이 그려낸 것이 아닐까요? 번개를 보면서 번개를 던지는 진노한 제우스를 그려내는 것은 분명히 인간의 상상이잖아요. 그렇다면 그리스 로마 신화에 나오는 수많은 신들은 모두 고대 그리스 로마인들의 상상력이 만들어낸 것이라고 할 수 있을 겁니다.

'인간의 상상력이 신을 만들었다'라는 말을 여러 신화학자들과 철학자들이 자주 합니다. 그렇다면 우리가 신화에서 만나는 수많은 신들은 인간의 본성이 어떤 방식으로든 반영된 존재라고 할 수 있을 거예요. 빨리 달리고 싶은 인간의 욕망은 날개 달린 모자를 쓰고 날개 달린 신발을 신고 날아다니는 헤르메스를 상상했을 것이고, 날고 싶은 욕망은 날개 달린 에로스나 날개 달린 말 페가소스를 상상하게 만들었을 거예요. 그러므로 신화는 인간의 본성, 인간의 욕망을 보여주는 것이고, 신화 속 여러 신들의 모습과 이야기를 통해 우리는 인간을 더 잘 이해할 수 있는 길을 찾을 수 있을 겁니다.

'신화는 상징적 이미지와 이야기가 결합된 것이다'라는 말이 있습니다. 유명한 신화학자 조지프 캠벨Joseph Campbell의 말이에요. '신화는 신들의 이야기'라는 정의와 비교하면 '신' 대신에 '상징적 이미지'라는 말이 들어간 것이네요. 그렇다면 '신'은 무엇인가를 상징하는 이미지라는 뜻이 되겠지요. 상징이라는 말, 많이 들어보았지요? 비둘기는 평화를 상징한다고 하지요. 그

래서 "우리에겐 언제 비둘기가 날아올 것인가?"라고 말하면 이
것은 조류 비둘기를 기다린다는 뜻이 아니라 다툼과 갈등, 전
쟁으로 얼룩진 삶에 평화가 깃들기를 염원하는 말이 되는 것이
지요.

따라서 신화는 우리가 삶에서 바라는 것, 두려워하는 것, 좋
아하는 것, 싫어하는 것들을 상징적 이미지, 즉 신들이나 신적
인 존재들로 그려내어 이야기하는 것입니다. 그것은 그대로 우
리의 모습을 비추어주지요. 그래서 캠벨은 "신화는 우리가 살
아가면서 겪을 수 있는 일들을 은유적으로 보여준다"라고 이
야기하지요. 그러니까 여러분이 『신화의 숲』으로 들어와 만나
는 신들과 그들의 이야기는 그대로 우리 삶 그 자체가 될 수 있
다는 뜻이에요.

신화의 숲에서 여러분은 곧 나르키소스라는 매력적인 사냥
꾼을 만날 거예요. 그는 사냥에 지친 몸을 쉬게 하고 갈증을 씻
어내기 위해 샘물을 찾지요. 그러다 사랑에 빠집니다. 샘물 속
에서 멋진 청년을 발견했거든요. 그는 그에게 매료되어 하염없
이 바라보고 사랑을 불태웠지요. 둘은 잘 맞았습니다. 나르키
소스가 웃을 때 샘 속의 그도 웃고, 나르키소스가 두근거리며

얼굴이 달아오를 때 샘 속의 그도 그랬어요. 나르키소스가 눈물을 흘리자 샘 속의 그도 눈물을 흘렸으니까요. 그런데 어느 순간 나르키소스는 그 청년이 곧 자신이라는 사실을 깨닫게 되었지요. "아, 여기 이 사람은 바로 나구나!"

여러분도 『신화의 숲』에서 그런 경험을 하게 될 거예요. 매력적인 인물을 만나고, 그와 함께 숲속을 거닐면서 웃고, 울고, 화내고, 사랑하고, 미워하다 보면 그가 다른 사람이 아닌 여러분 자신임을 깨닫게 되지요. 그렇게 신화는 거울처럼 우리를 비춰줄 거예요. 『신화의 숲』에서 만나는 수많은 인물들이 바로 여러분인 거죠. 그런 다양한 모습과 상황에 부딪히면서 주인공들과 함께 고민하고 이겨나가는 모습을 상상한다면 여러분이 더 멋지고, 더 성숙하고, 더 성공적인 사람이 되어가는 기회를 얻는 것이라고 기대합니다.

자, 이제 본격적으로 『신화의 숲』으로 들어가볼까요!

김헌

두 번째 숲
무시무시한 분노로 가득 찬
신의 저주 그리고 재앙

세 번째 숲

스스로 새로운 길을
개척하는 용감한 자들

첫 번째 숲

신비롭고
아름다운
신화 속
사랑 이야기

메아리로 남게 된
요정 에코

에코는 헬리콘산의 숲속에 사는 명랑하고 유쾌하며 예쁜 요정입니다. 그런 에코에게 흠이라면 흠이 하나 있었는데 말하기를 너무 좋아한다는 것이었지요. 깔깔대며 친구들과 떠들면 그렇게 행복할 수가 없는 귀엽고 사랑스러운 수다쟁이였어요. 친구들은 그런 에코가 좀 피곤하긴 했어요. 함께 있다 보면 귀에서 '피가 난다'고 말하는 친구도 있었지요.

하지만 최고 신 제우스는 에코를 무척 아꼈어요. 에코에게 딴마음을 품었던 건 아니고요. 그저 따분하고 피곤할 때, 가끔씩 숲으로 내려와 에코의 재잘거리는 수다를 시간 가는 줄 모르고 재미있게 들어주었던 거예요. 에코는 자기 이야기를 잘 들어주는 제우스가 정말 고마웠어요. 제우스가 위험에 빠질 뻔한 상황에서 여러 번 그를 구해주기도 했답니다. 그러니까 제우스가 더더욱 에코를 귀여워했지요.

작고 귀여운 요정인 에코가 어떻게 제우스를 도왔냐고요? 제우스가 누굽니까? 천하의 바람둥이잖아요. 그런 제우스가 종종 숲에 나타나 숲이나 샘의 요정들과 사랑에 빠질 때가 많았어요. 낌새를 눈치챈 제우스의 부인 헤라는 씩씩거리면서 제우스의 불륜 현장을 급습하려고 달려들었지요. 바로 그때, 에코가 나타나는 거였어요.

"헤라 님, 어딜 그렇게 급히 가시는 거예요? 잠깐만요, 헤라 님. 아프로디테가 말이죠…… 지난밤에 이 숲에서 무슨 일이 있었는지 아세요?"

그러면 급하게 제우스를 찾으러 가던 헤라도 에코의 말에 귀가 솔깃해지고 궁금해서 견딜 수가 없게 되었죠.

"아프로디테가? 이 숲에서? 무슨 일인데?"

에코는 그렇게 헤라를 궁금하게 만든 다음, 이런저런 이야기를 흥미롭게 꾸며대며 신나게 수다를 떨었지요. 그러는 사이

제우스가 불륜 현장을 피할 수 있었던 겁니다. 에코가 일종의 '경보 장치' 역할을 했던 거였지요. 재미있게 이야기를 듣던 헤라는 아차 싶었지만 이미 제우스는 현장을 떠난 후였습니다.

요정 에코, 정말 머리가 좋지요? 짧은 순간에 기지를 발휘해서 솔깃한 이야기를 꾸며댈 수 있다니 말입니다. 하지만 매번 당할 헤라가 아니지요. 몇 번 그렇게 제우스의 불륜 현장을 놓친 헤라는 에코를 의심하게 되었고 결국 모든 진실을 알게 되었습니다. 그리고 이렇게 저주를 퍼부었어요.

"고약한 것, 네가 감히 나, 헤라를 속여! 나를 속인 너의 혀는 이제 그 고유한 능력을 잃게 될 것이다. 이제부터 너는 가장 짧은 말만 하게 될 것이다."

이게 무슨 뜻일까요? 에코는 그 순간 이후부터 자기가 하고 싶은 말은 하지 못하고, 남이 한 말의 끝부분만 따라 할 수 있게 되었답니다. 벙어리가 된 것이나 마찬가지였지요. 남의 말만 되뇌는 것밖에 할 수 없다니 얼마나 답답했겠어요?

그런데 에코에게 화가 난 것은 헤라뿐만이 아니었어요. 미와 사랑의 여신 아프로디테도 에코가 자신의 이름을 팔아먹으면서 헤라를 따돌린 것에 분노했지요. 아프로디테는 아들이자 사랑의 신인 에로스에게 에코를 혼내주라고 했어요.

어느 날, 에코는 숲속에서 길을 잃고 헤매던 한 사냥꾼을 보게 되었어요. 너무나 잘생긴 청년이었지요. 그 순간, 에로스는 재빠르게 황금 화살을 에코의 심장으로 날려 보냈어요. 에코는 온몸에서 힘이 빠져나가는 것이 느껴졌고 동시에 완전히 그 청년에게 빠져버렸어요. 사랑의 불길에 몸이 달아오른 에코는 그를 놓칠세라 온 힘을 다해 청년을 따라갔어요. 그의 뒤를 따라가 사랑을 고백하고 싶었던 거예요. 하지만 헤라의 저주로 인해 에코는 아무 말도 할 수 없었어요. 답답해 미칠 것만 같았죠.

마침내 그 멋진 청년이 입을 열었어요. "여기 누구 없니?"라고 친구들을 찾기 위해 소리 높여 외쳤던 거예요. 그제야 비로소 에코의 혀가 풀리며 말을 할 수 있게 되었지요. 하지만 그의 말끝만 반복할 뿐이었어요.

"누구 없니이이이……."

자기 목소리가 메아리쳐 돌아오는 것을 들은 청년은 깜짝 놀랐어요.

"누구니? 이리 나와 봐."

그러자 다시 에코의 목소리가 터져 나왔어요.

"이리 나와 봐아아아……."

에코는 그의 말끝만 반복하게 되는 상황이 너무나 답답했어요. 자기 마음을 전하려면 다른 수를 써야 했지요. 청년이 나오라고 했으니 그래야겠다 마음먹은 에코는 용기를 내서 숨어 있던 곳에서 튀어나와 청년에게 다가섰지요. 하고 싶은 말은 할수 없었지만 가고 싶은 곳으로 갈 수는 있었으니까요. 그러고는 그에게 달려들었어요. 그가 몸을 돌려 에코를 보는 순간, 에로스는 그때를 놓치지 않고 납 화살을 꺼내 청년의 심장을 저격했어요. 청년의 마음은 납 화살이 일으킨 혐오로 꽁꽁 얼어붙었지요. 사랑의 불길에 휩싸인 에코가 그를 와락 껴안자, 화들짝 놀란 그는 차갑고 거칠게 손을 뿌리쳤어요.

"뭐 하는 짓이냐, 손 치워. 껴안지 말고!"

에코는 '저는 당신을 사랑해요!'라고 말하고 싶었지만 정작 입에서는 "껴안지 말고오오……"라는 말만 나올 뿐이었어요. 청년은 말만 따라 하면서 자기에게 덤벼들다 밀쳐 넘어진 에코에게 혐오의 눈길을 던지더니 이내 몸을 돌려 빠른 걸음으로 멀리 달아났어요. 에코는 청년이 떠나가자 이루지 못한 사랑에 가슴이 너무 아팠고, 매정하게 거부당한 것이 너무나 수치스러워 산속 깊은 동굴로 들어가 다시는 나오지 않게 되었답니다.

다른 사람의 기준을 따르기만 하는
에코의 비극

결국 상심은 에코의 모든 식욕을 빼앗아 갔고, 아무것도 먹지 않는 에코의 몸은 점점 홀쭉해졌어요. 몸속 진액이 모두 빠져나가고 피가 말라가자 피부가 뼈에 바짝 달라붙더니 그다음엔 동굴 속으로 불어오는 바람에 피부가 먼지로 깎여 나가고 뼈마저도 모두 갈려나가 마침내 목소리만 남았다고 합니다. 우리가 산에서 "야호" 하고 외칠 때마다 다시 메아리가 치는 것은 그렇게 목소리만 남은 에코의 울림이라고 해요.

우리가 본인의 생각과 취향, 개성을 드러내길 두려워하고, 오히려 남의 눈치를 보며 남이 하라는 대로만 따라 하려고 한다면 어쩌면 우리의 가슴속에도 에코가 자리 잡고 있는 것이 아닐까요? 나만의 독창성을 잃고 남의 것을 모방하여 심지어 표절까지 한다면, 나만의 고유한 삶을 살아가겠다는 의지를 버린다면 우리도 어느새 모든 것을 잃고 말라비틀어져 메아리처럼 공허하게 울리는 또 다른 에코가 되는 것은 아닐까요?

수선화가 된 사냥꾼
나르키소스

숲속의 요정 에코는 에로스의 황금 화살을 맞고 한 청년을 사랑하게 되었어요. 하지만 그 청년은 에로스의 납 화살을 맞고 에코를 혐오하게 되었고 에코를 피해 멀리 달아났어요. 그 청년은 누구일까요? 에코의 애타는 마음을 무시하고 달아난 그 청년은 어떻게 되었을까요? 그의 이름은 나르키소스랍니다.

나르키소스는 아테네 북쪽 보이오티아 지방의 테스피아라는 곳에 살던 사냥꾼이었어요. 그의 외모는 눈부셨습니다. 그것은 남다른 태생에서 비롯되었지요. 보이오티아의 숲속 맑고 고운 샘물의 요정 리리오페의 아들이었거든요. 리리오페의 아름다운 모습을 보고 반한 강물의 신 케피소스는 떨리는 마음을 주체할 수 없었습니다. 둘은 사랑을 나누었고, 그 뒤 리리오페는 케피소스를 떠나 다시 숲속으로 숨어들어 나르키소스를 낳았지요. 리리오페는 케피소스와 함께 살고 싶지는 않았던 것 같아요. 혼자 숲속에서 살기로 마음먹은 리리오페에게 나르키소스는 유일한 희망이며 기쁨이었어요.

무럭무럭 자라난 나르키소스는 마치 보는 사람을 마취시키는 듯한 신비로운 매력을 발산했어요. 리리오페는 그런 아들이 자랑스러우면서도 그 뛰어난 미모가 걱정이 되었어요. 행여 누군가와 사랑에 빠져 자신을 떠나갈까 봐 두려웠거나, 아들을 사랑한다며 집착할 사람들의 접근이 아들을 고통스럽게 할까 봐 걱정스러웠던 모양이에요. 그래서 그녀는 당시 가장 유명한 예언자, 테베에 살던 테이레시아스를 찾아가 아들의 운명을 물었어요.

"테이레시아스여, 내 아들이 오래오래 나와 함께 살 수 있을까요?"

테이레시아스는 나르키소스를 뚫어지게 바라보더니 걱정이

섞인 묘한 표정을 지으며 리리오페에게 이렇게 대답했어요.

"이 아이는 숲속 요정님 곁에서 오래오래 살 겁니다. 단 자기 자신을 알지 못한다면 말이지요."

정말 수수께끼 같은 말입니다. 자기 자신을 몰라야 오래오래 살 수 있다니, 그러면 자기 자신을 알게 된다면 일찍 세상을 떠난다는 말이잖아요.

고대 그리스와 로마인들에게 가장 유명한 격언으로 "너 자신을 알라"라는 말이 있어요. 철학자 소크라테스와 같이 지혜로운 사람들이 가슴에 새기고 다녔다는데 왜 현명한 예언자 테이레시아스는 이와 정반대되는 말을 했을까요? 그래서 나르키소스는 어떻게 되었을까요? 자신을 모른 채 오래오래 살았을까요? 아니면 자신을 알게 되어 일찍 세상을 떠났을까요?

천생 사냥꾼인 나르키소스는 들판을 뛰어다니며 사냥하는 것에서 가장 큰 기쁨을 느꼈어요. 그의 멋진 외모와 탁월한 사냥 솜씨는 뭇 소녀들과 청년들, 심지어 요정들까지도 설레게 만들었습니다. 하지만 그는 사랑에 관심이 없었어요. 그에게 매료된 모든 이들의 구애를 매정하게 딱 잘라 거절했지요. 다른 사람을 받아들일 마음의 자리가 전혀 없었던 거예요. 그에게 다가갔던 수많은 이들은 나르키소스의 태도에 깊은 상처를 입었어요. 그의 외모는 다른 사람들의 사랑을 받았지만 그의 마음과 태도는 매력적이지도, 호감을 주지도 못했지요. 오히려 증오와 적개심을 불러일으켰어요. 그에게 상처를 입은 어떤 이가 저주를 퍼부었습니다.

"그대가 나의 사랑을 거부하여 내 가슴에 못을 박았으니, 그대도 누군가를 사랑하게 되고, 그 사랑을 이루지 못해 가슴 아프게 되기를!"

사랑이 뭘까요? 상대에게 반하여 사랑하게 되었지만 상대가 받아주지 않아 저주를 퍼부으니, 사랑과 미움은 동전의 양면과도 같다고 할 수 있겠습니다. 그래서 사랑의 얼굴을 보이다가도 몸을 돌리는 순간, 미움의 얼굴이 나타나는 걸까요? 그렇게 나르키소스를 사랑하던 이들은 모두 그의 냉정한 태도에 등을 돌렸고 그 이후부터 앙칼진 미움만 남게 되었지요. 도대체 나르키소스는 왜 다른 이들의 마음을 받아주지 못한 걸까요? 에코도 그런 나르키소스 때문에 마음에 상처를 입고 온몸이 부서져 목소리만 애절하게 남았잖아요.

어느 날, 여느 때처럼 사냥을 하던 나르키소스는 지친 몸을 달래고 타는 목을 축이려고 은빛으로 반짝이는 맑은 샘을 찾았습니다. 물을 마시려고 샘으로 다가서는 순간, 깜짝 놀랐지요. 아주 멋진 사내를 본 거예요. 누구였을까요? 나르키소스는 그가 누구인지 몰라 눈을 반짝반짝 빛내며 바라보았는데 그 사내도 나르키소스를 호기심에 가득 찬 표정으로 바라보았지요. 목마름을 씻어내려고 샘물로 다가갔던 나르키소스는 그것보다도 훨씬 더 강한 갈증에 휩싸였어요. 에로스의 황금 화살을 맞은 걸까요? 사랑의 불길이 나르키소스의 가슴에 불타올랐어요. 그의 눈빛이 간절해지는 만큼, 샘물 속 사내의 눈도 사랑의 불길로 이글거렸어요. 누구였을까요? 맞아요. 그것은 샘물에 비친 자기 자신이었어요.

하지만 그때까지 자기 모습을 제대로 본 적이 없던 나르키소스는 샘물 속 남자가 자신이 아니라 샘물 속에 사는 다른 누군가라고 생각했어요. 모두 어머니 리리오페 때문이었지요. '나르키소스가 자신을 알게 되면 일찍 죽게 된다'는 테이레시아스의 예언이 그렇게 만든 거예요. 나르키소스는 정체를 알 수 없는 상대가 자신인 줄도 모르고 반해서 사랑을 느끼고 감탄하며 샘물만 하염없이 바라보고 있었지요.

나르키소스는 그와 인사하고 악수하고 싶었어요. 에코가 나르키소스의 목소리를 따라 했던 것처럼 샘물 속 나르키소스는 샘물 밖의 나르키소스와 똑같은 동작을 취했어요. 둘은 똑같이 서로를 향해 손을 뻗었지요. 손이 닿는 순간, 샘물이 일렁였고 샘물 속 남자의 모습도 일그러졌어요. 입을 맞추려고 해도 마찬가지였지요. 서로를 갈망해도 그들의 만남은 결코 이루어질 수 없었어요. 마침내 나르키소스는 모든 것을 깨달았어요.

"내 가슴에 사랑을 피운 남자는 바로 나구나. 물에 비친 나의 모상模像이구나! 내 가슴에 사랑의 불꽃을 지핀 자가 바로 나라니, 내가 불을 붙였고 그 불에 내가 타버리겠구나!"

그러나 나르키소스는 일어설 수가 없었어요. 샘물에서 떠날 수가 없었어요. 샘물 속의 자신의 모습에서 눈을 뗄 수가 없었던 거예요. 멀리서 이 모습을 에코가 바라보고 있었는지, 아니면 나르키소스의 목소리를 들었는지 나르키소스의 한탄과 통곡이 메아리쳤어요.

"바로 나로구나아아……."

"모상이구나아아……."

"나라니이이……."

"타버리겠구나아아……."

에코가 나르키소스에게 거부당한 것이 수치스러워 동굴에 숨어 나오지 않고 메말라버려서 목소리만 남은 것처럼, 자신의 모습을 사랑하여 자신의 모습을 품고 있는 샘물을 떠나지 못한 나르키소스도 서서히 메말라가기 시작했어요. 자신에게 집착하여 다른 사람을 받아들일 마음의 공간이 없던 나르키소스의 눈물이 흘러내리다 사랑의 불길에 다 말라버리자, 그의 몸에 돌던 피도 말라갔고 온몸이 바짝 시들어버려서 바람에 먼지처럼 쓸려 나갔어요. 그리고 바로 그 자리에는 노란 수선화가 피어나 바람에 흔들리게 되었지요.

타인에 대한 존중이 결여된
지나친 자기애

누구든지 인생을 살아가는 데 있어 어느 정도의 자기애와 자존감은 필요합니다. 타인의 의사와 권리를 침범하지 않는 선

안에서 말이죠. 자기 자신을 긍정적으로 평가해서 자부심을 갖는 건 살아가는 데 꼭 필요하고 중요한 일입니다. 문제는 나르키소스처럼 본인을 사랑하는 마음이 너무 지나쳐서 다른 이를 거부하고, 배제하고, 혐오하기에 이르게 되면 병적인 나르시시즘Narcissism이 되지요. 더불어 자신이 너무 소중해서 상대를 있는 그 자체로 인정하지 못하고, 본인만의 기준으로 대하고 평가하는 것도 일종의 나르시시즘이라고 할 수 있습니다.

반대로 상대를 그 사람 자체로 이해하고, 포용하고, 사랑해줄 수 있다면 나르시시즘에서 벗어나서 건강한 자기애와 자존감을 갖고 단단한 마음으로 타인과 세상을 대할 수 있을 겁니다.

월계수에 얽힌
한 요정의 이야기

에코와 나르키소스의 엇갈린 사랑 이야기에도 등장하듯, 그리스 로마 신화의 사랑 이야기에는 항상 사랑의 불꽃을 일으키는 큐피드가 등장합니다. 이를 로마 신화에서는 '쿠피도Cupido'라 하고 그리스 신화에서는 '에로스Eros'라 하지요. 그리스어로는 '욕망'이라는 뜻인데, 흔히 에로스는 체구가 작고 날개가 달린 꼬마의 모습으로 그려지곤 합니다. 그는 신이나 요정, 사람들의 가슴에 화살을 쏘아 사랑에 빠지게 만드는 신비한 능력을 갖고 있었어요. 하지만 그것은 황금 화살을 쏠 때였지요. 그에게는 또 다른 화살도 있었답니다. 납으로 만든 화살이었어요. 황금 화살은 날카로운 촉을 갖고 있지만 납화살의 촉은 뭉뚝했어요. 그리고 그 화살에 맞은 사람은 사랑 대신 미움에 사로잡혔어요. 이렇게 에로스는 사랑과 미움이라는 두 가지 욕망을 일으키는 능력을 갖고 있었던 거예요.

그런데 화살통을 매고 활을 손에 쥐고 하늘을 이리저리 날아다니는 에로스의 모습이 아폴론은 영 못마땅했어요. 아폴론은 태양의 신이기도 했지만 활을 잘 쏘는 궁술의 신이기도 했거든요. 여름 한낮의 강렬한 태양 광선이 날카로운 화살처럼 대지에 꽂히듯이, 그가 쏘는 화살은 아무리 먼 곳에 있는 과녁에도 백발백중으로 빗나감이 없었어요. 화살의 위력 또한 대단했지요. 자기보다 열 배, 백 배 큰 괴물도 쓰러뜨리는 힘이 있었던 거예요.

아폴론이 자신의 활 솜씨를 만천하에 뽐낸 것은 태어난 지 사흘째 되는 날이었대요. 티탄족의 여신 레토가 제우스와 사랑을 나누어 쌍둥이 남매를 임신하자, 이를 알아차린 헤라는 퓌톤이라는 무시무시한 괴물을 보내 레토가 아이를 낳지 못하게 괴롭혔어요. 퓌톤은 대지의 여신 가이아의 자식으로 커다란 용처럼 꿈틀거리며 입에서 불을 뿜어내기도 했대요. 하지만 레토는 날쌔고 거친 북풍의 신 보레아스에 실려 퓌톤의 추격을 피해 에게해의 가운데에 있는 오르튀기아섬으로 달아날 수 있었어요. 레토는 헤라의 온갖 방해를 이겨내고 어렵게 달의 여신 아르테미스 여신을 먼저 낳았어요. 갓 태어난 아르테미스는 태어나자마자 쑥 커서 산파 노릇을 하여 엄마 레토가 남동생 아폴론을 낳을 수 있도록 도와주었어요.

갓 태어난 아폴론에게 테미스 여신이 신들의 음식인 넥타르와 암브로시아를 주자, 아폴론은 금세 쑥 커서 건장한 청년이 되었지요. 아폴론은 어머니가 퓌톤에게 고통을 당했다는 사실을 알고 괴물을 잡으러 나섰어요. 퓌톤을 발견한 아폴론은 퓌톤에게 무차별적으로 화살을 쏘아댔어요. 쏘는 족족 몸에 화살이 꽂히자 퓌톤은 달아나기 시작했고 우뚝 솟은 파르나소스산으로 도망쳤어요. 하지만 아폴론이 여러 날 동안 끈질기게 추격하면서 쏜 수천 발의 화살을 맞았고 마침내 쓰러지고 말았어요. 그곳은 델피였는데, 아폴론은 퓌톤을 땅에 묻고 그 위에 자신의 신전을 세웠지요. 그리고 신전 위쪽 높은 곳에 넓은 운동장을 만들고 퓌톤을 무찌른 위대한 업적을 기리는 '퓌티아'라는 스포츠 제전을 열었어요. 그리고 우승자에게는 떡갈나무로 만든 승리의 관을 씌어주었지요.

그러던 어느 날, 퓌톤을 무찌르고 의기양양한 아폴론의 눈에 에로스가 눈에 띄었어요. 아폴론은 에로스가 귀여웠지만 손에 든 활과 등에 걸쳐 멘 화살통을 보자 가소롭게 느껴졌어요.

"어이, 에로스! 너 같은 어린아이에겐 활과 화살이 어울리지 않아. 활과 화살은 나 같은 어른에게나 어울려. 난 이걸로 퓌톤을 무찔렀지. 활과 화살은 내 것이고 나의 고유한 상징이야. 넌 그것을 내려놓고 횃불이나 들고 다니면서 사람들의 마음에 사랑의 불이나 지르고 다니렴!"

에로스는 아폴론의 말에 기분이 나빴어요. 아폴론은 태어나면서부터 청년의 모습이었지만 에로스는 태어나서 지금까지 자라지 않는 꼬마의 모습이었는데, 그런 겉모습만 보고 자신을 아이 취급하면서 비웃는 아폴론에게 화가 났어요.

"당신의 화살은 괴물이나 쏘지만 나의 화살은 당신을 겨냥하고 쏠 수 있소. 내 화살을 맛보면 당신은 후회하게 될 거요."

에로스는 까칠한 말로 쏘아붙이고는 자리를 떠났지요. 그리고 몰래 아폴론의 뒤를 밟으면서 호시탐탐 화살을 날릴 기회를 찾고 있었어요.

마침내 좋은 기회가 왔어요. 아폴론이 숲을 이리저리 다니며 누이인 아르테미스를 찾고 있었는데, 아름다운 요정을 보게 된 거예요. 테살리아의 넓은 평원을 흐르는 페네이오스 강물 신의 딸 다프네였어요. 눈부시게 아름다운 다프네는 아폴론의 누이인 아르테미스의 추종자였어요. 남자나 사랑에는 관심이 없었고, 오직 숲을 뛰어다니며 아르테미스 여신과 함께 사냥하는 것을 가장 큰 즐거움으로 생각했지요. 당연히 순결을 맹세했고요. 사냥하며 숲속과 들판을 뛰어다니는 다프네에게서는 건강한 힘과 함께 향기로운 아름다움이 물씬 풍겨났지요.

그 순간을 놓치지 않고 에로스는 두 개의 화살을 날려 보냈어요. 아폴론을 향해서는 황금 촉의 화살을, 다프네를 향해서는 납 촉의 화살을 쏜 거예요. 아폴론의 화살이 빗나가지 않듯이 에로스 또한 백발백중 명사수였어요. 에로스의 황금 화살을 맞은 아폴론은 곧바로 다프네에게 반해 사랑에 빠졌지요. 아폴론은 사랑을 고백하기 위해 얼른 다프네에게 다가섰어요. 하지만 다프네는 아폴론을 보자마자 등을 돌리고 도망가기 시작했어요. 애초에 아르테미스에게 순결을 맹세한 데다가 에로스가 쏜 납 화살을 맞았기 때문이었지요. 이렇게 아폴론과 다프네의 감정은 안타깝게도 엇갈리고 말았어요. 아폴론은 다프네를 잡고 이야기하고 싶어 애가 탔지만 다프네는 필사적으로 달아났어요. 그렇게 몇 날 며칠 동안 둘은 온 힘을 다해 숲속을 이리저리 뛰어다녔어요.

그러나 사랑은 혐오를 이기는 법, 아폴론은 마침내 다프네를 잡았지요. 아폴론은 다프네를 세우고 자신의 진심을 말하려고 했어요. 하지만 다프네는 틈을 주지 않았어요. 고통스러운 비명을 지르며 아버지 페네이오스를 불렀어요.

"아버지, 살려주세요! 저 남자가 나를 쫓아다니게 만든 제 모습을 없애주세요. 다른 무엇이 되게 해주세요!"

페네이오스는 아폴론과 다프네가 숲과 들판을 달리는 모습을 강물과 함께 흘러가면서 보고 있었어요. 아폴론이 제우스의 아들이고, 잘생긴 청년이며, 태양의 신으로서 뛰어난 능력을 가지고 있다는 것을 알았기 때문에 다프네가 멈춰서서 아폴론의 말을 듣고 그의 진심을 헤아려 둘이 부부로 맺어지길 바랐지요. 하지만 딸의 비명을 듣는 순간, 아버지는 딸의 감정을 외면할 수가 없었지요. 아무리 훌륭한 배필감이라고 해도 본인 맘에 들어야 좋은 짝이 될 수 있다는 걸 인정했던 거예요.

페네이오스는 강력한 마법의 힘으로 딸을 나무로 변신시켰어요. 아폴론에게 잡힌 다프네의 몸에는 나무껍질이 덮이기 시작했고, 그의 팔과 손가락은 가지로 뻗더니 잎이 무성하게 났고, 발가락은 뿌리로 늘어나면서 땅속으로 스며들었어요. 아폴론은 그 신비로운 변화에 놀라면서도 사랑하는 여인을 잃은 사실에 가슴이 찢어지는 것 같았지요.

　　"그대는 내가 그렇게 싫었단 말이오? 내 말을 조금만 들어주었다면 이렇게까지 되고 싶어 하진 않았을 거요. 난 진심으로 당신을 사랑했단 말이오. 다프네, 그대가 그대 본래 모습으로 내 아내가 되진 못했지만 나무로 변신한 그대를 내 곁에 영원히 둘 것이오. 나의 영광을 영원히 함께할 것이오."

　　다프네의 변한 모습이 바로 월계수랍니다. 그때부터 아폴론은 자신의 악기 키타라와 화살통을 다프네의 잎으로 장식했고, 다프네의 잎과 가지로 엮어 만든 관을 쓰고 다녔대요. 그리고 아폴론을 주신主神으로 하는 퓌티아 제전의 우승자에게는 다프네의 잎과 가지로 만든 관을 씌워주었지요.

일방적인 사랑도
사랑일 수 있을까

시간이 흘러 근대 올림픽이 열리면서 월계관은 올림픽 우승자가 쓰게 되었지요. 그런 걸 보면 다프네를 향한 아폴론의 마음이 진심이었다고 할 수 있지 않을까요?

하지만 아폴론이 싫어서 죽어라 도망친 다프네의 마음은 어떨까요? 아폴론이 집착을 포기하지 않고 나무가 된 자신을 꺾어서 의지와 달리 그의 몸을 감게 되었고, 아폴론을 기리는 축제에서 월계관이 된다는 것은 다프네에게 좋은 일일까요? 아폴론이 생각하는 것처럼 다프네에게도 그렇게 영광스러운 일일까요? 어쩌면 끔찍한 일로 여길지도 모르겠습니다.

사랑은 상대에 대한 나의 애착, 열정으로만 이루어지지 않습니다. 그것만 있다면 일방적인 사랑이 되겠지요. 상대가 나를 어떻게 생각하는지도 매우 중요합니다. 교감을 통해 열매를 맺는 것이 진정한 사랑이니까요. 그런 사랑이 이루어지려면 상대를 아끼고 배려하는 마음이 꼭 있어야 합니다. 그래서 아폴론의 사랑은 뜨겁고 진심이었어도 일방적인 사랑에 그치고 만 겁니다.

어쨌든 아폴론은 에로스를 무시하고 자신을 뽐내다가 마음에 큰 상처를 입게 되었고, 그 때문에 다프네는 나무가 되었는데 이런 아폴론과 다프네를 멀리서 바라보며 에로스는 어떤 마음이었을까요? 그리고 숲의 여신 아르테미스는 자기 추종자들을 알뜰살뜰 보살피기로 유명한데, 왜 다프네는 여신의 도움을 받지 못했는지도 궁금해집니다. 아마도 다프네를 돕기보다는 자기 동생 아폴론을 더 응원했던 모양입니다.

샘물이 된 요정
아레투사

　　지중해에서 가장 큰 섬은 시칠리아입니다. 이 탈리아반도 서남쪽에 위치해 있으며, 제주도의 열네 배나 되고 남한의 사분의 일 정도 되는 크기이니 어머어마한 섬이지요. 생김새는 역삼각형인데 남쪽 끝에 시라쿠사라는 도시가 있고 그 도시의 끝부분에 오르튀기아섬이 있습니다. 아르테미스와 아폴론이 태어난 섬과 이름이 같지만 다른 섬이에요. 그곳에 유명한 '아레투사의 샘'이 있습니다. 연못 크기의 큰 샘인데 한가운데에 파피루스 풀이 무성하게 나 있고 여러 마리의 거위 떼들이 한가롭게 노닐고 있답니다. 그런데 그 샘물은 원래 '요정'이었다고 하네요.

요정 아레투사의 고향은 원래 그리스 땅, 펠로폰네소스반도의 서쪽 엘리스라는 곳이었어요. 그녀는 많은 요정들과 사람들, 신들로부터 예쁘다는 소리를 들었지요. 그러나 아레투사는 그런 칭찬의 말에 별로 기뻐하지 않았대요. 그녀의 관심은 오직 들판을 뛰어다니며 사냥을 하는 것이었지요. 사냥과 숲의 여신 아르테미스 여신을 존경했고 순결을 맹세하며 아르테미스의 사랑을 듬뿍 받았어요.

그런데 어느 날, 아레투사는 사냥을 마치고 몸이 녹초가 되어 쉬려고 무리로부터 떨어져 인근에 있는 강가로 갔지요. 맑게 흐르는 물에 두 발을 담그자 너무 시원하고 상쾌했어요. 사냥에 지친 발의 피로가 모두 물결에 쓸려 나가는 것 같았어요. 그녀는 온몸에 원기를 불어넣기 위해 땀에 젖은 옷을 모두 훌훌 벗어던지고 물속으로 들어가 자유롭게 헤엄을 쳤지요. 강물의 감촉은 신선하고 상쾌했어요. 한참을 그렇게 수영하고 있는데 물 깊은 곳에서 무슨 소리가 들리는 것 같았어요. 깜짝 놀란 아레투사는 잠시 귀를 기울이다가 이상하다는 생각에 급히 물에서 빠져나와 강둑으로 뛰어올랐어요. 그러자 간절하면서도 거친 목소리가 더욱 선명하게 들렸어요.

"아레투사, 어디로 그렇게 급하게 가는 거예요? 어디로 가는 거냐고요? 잠깐 서서 내 말을 들어 봐요!"

누굴까요? 물속에서 들리는 목소리였다면 누군가가 깊이 잠수해서 그녀를 따라온 것일까요? 하지만 인간이라면 물속에서 말을 할 수 없을 텐데 도대체 누구일까요? 아레투사가 뛰어들어 몸을 식히던 강물은 알페이오스라는 강이었어요. 고대 올림픽 경기가 열렸던 올림피아라는 도시의 남쪽에 지금도 흐르는 강이지요. 그리고 아레투사를 애타게 부르던 신비로운 목소리는 알페이오스 강물을 다스리는 신, 알페이오스였습니다. 알페이오스 강물이 아레투사를 쫓아와 간절하게 부른 걸 보니, 예쁜 아레투사에게 반했던 모양입니다. 아니면 에로스가 강물 깊은 곳까지 황금 화살을 날려 보낸 것일까요?

다행히 아레투사는 알페이오스의 손길에서 벗어나 강둑으로 올라왔어요. 안도의 한숨을 쉬며 강물을 바라보던 아레투사는 놀란 눈으로 알페이오스 강물을 바라보았어요. 갑자기 사람의 몸처럼 생긴 물 덩어리가 솟구쳐 오르더니 아레투사에게 달려들었어요. 사랑에 불타오른 알페이오스가 아레투사를 간절하게 원했기 때문이었어요. 하지만 거친 열정만 앞섰지, 그 열정을 상대에게 세련되게 표현하는 정중함과 상대에 대한 존중과 배려는 없었지요. 아레투사는 겁을 먹고 달아나기 시작했어요. 마치 에로스의 납 화살을 맞은 다프네처럼 필사적으로 알페이오스의 추격을 벗어나려고 전력을 다해 뛰었어요. 아폴론에게 잡힌 다프네처럼 아레투사도 알페이오스의 지칠 줄 모르는 추격에 결국 잡히고 말았을까요?

날렵한 매처럼 돌진하는 알페이오스 앞에 아레투사는 떨리는 날개로 파닥이는 비둘기 같았지요. 처음 달릴 때의 속도는 아레투사가 빨랐지만 뒤를 쫓는 알페이오스의 끈질긴 지구력에 점점 압도되고 말았어요. 해를 등지고 서쪽으로 달리던 아레투사가 뒤에서 쫓아오는 알페이오스의 그림자 속으로 점점 빨려 들어가고 있었고, 알페이오스의 거친 호흡이 점점 아레투사의 뒤통수를 적셨어요. 이제 잡히는 건가 하고 아찔한 순간, 아레투사는 큰 소리로 구원의 기도를 올렸답니다.

"아르테미스시여, 저를 도와주세요. 저를 구해주세요!"

숲속에서 사냥을 하다 쉬고 있던 아르테미스는 날카로운 아레투사의 비명 소리를 듣고 벌떡 일어서서 아레투사가 알페이

오스에게 쫓기는 현장으로 쏜살같이 달려갔어요. 그리고 구름 덩어리를 던져 아레투사를 감쌌지요. 갑자기 아레투사가 보이지 않자 알페이오스는 어리둥절했어요.

"아레투사, 어디에 있소? 나를 피하지 마시오. 내가 당신을 얼마나 좋아하는데!"

알페이오스의 열정은 진심이겠지만 불행하게도 그것은 야만적인 난폭함으로 나타나 공포에 떨고 있는 아레투사를 더욱더 힘들게 만들 뿐이었지요. 거친 숨을 몰아쉬며 구름 주변을 떠나지 않고 씩씩대는 알페이오스를 어떻게 하면 피할 수 있을까, 아레투사의 마음은 오직 그 생각뿐이었어요. 구름 속에서 가쁜 숨을 몰아쉬던 아레투사의 온몸에서 식은땀이 흘러내렸고, 땀이 모두 흘러내리자 머리카락까지 물이 되어 흘러내리더니 온몸이 점점 물로 흘러내려 물줄기가 되고 말았어요. 물줄기가 된 그녀는 몰래 구름 바깥으로 흘러 나가면서 알페이오스에게 도망치려고 했습니다. 그러자 알페이오스도 원래의 강줄기 모습으로 변신하여 아레투사와 한 몸이 되려고 했어요.

다행히 알페이오스가 아레투사를 덮치기 전에 아르테미스가 땅을 갈라지게 하여 아레투사의 물줄기가 땅속으로 스며들게 했고, 알페이오스가 다가오기 전에 땅을 다시 굳게 닫아버렸지요. 그렇게 지하로 스며든 아레투사는 지하를 통해 서쪽으로 흘러 흘러 최대한 멀리 가서 알페이오스에게 벗어나고 싶어했어요. 그녀가 향한 곳이 바로 시칠리아 남쪽 시라쿠사의 오르튀기아섬이었어요.

그런데 열심히 서쪽으로 흘러가던 아레투사에게 끔찍한 비명이 들렸어요. 그녀가 알페이오스의 손아귀에서 벗어나려고 몸부림칠 때 질러대던 비명과 같은 것이었어요. 누군가가 원하지 않는 이에게 납치되어 잡혀 가는 것이었지요. 페르세포네 여신이었어요. 지하의 신, 죽은 자들의 세계를 지배하는 하데스가 그녀를 검은 마차에 태우고 거칠게 몰고 달려가는 것이었어요. 페르세포네는 대지의 여신 데메테르와 제우스의 딸인데, 그녀는 어떤 이유로 저렇게 납치되어 지하 세계로 끌려가는 것일까요? 아레투사는 자신도 알페이오스에게 납치될 뻔했던 사실을 떠올리며 몸서리쳤어요. 그리고 하데스에게 납치되어 원하지 않는 곳으로 끌려 가는 페르세포네가 너무나도 불쌍했어요. 하지만 하데스의 힘은 너무도 강력하였기에 페르세포네를 위해 아무것도 할 수 없었지요. 게다가 하데스의 마차가 엄청난 속도로 반대 방향으로 달려갔기 때문에 어떤 일을 할 틈도 없었지요.

잠시 후, 아레투사는 시칠리아섬 남쪽 오르튀기아섬의 땅으로 솟아나 샘이 되었어요. 그것이 바로 '아레투사의 샘'이에요. 그녀는 잠시 그곳에서 숨을 돌리며 휴식을 취할 수 있었어요. 그런데 그것도 잠시, 주위를 둘러보니 오르튀기아와 시칠리아섬 전체 땅의 모습이 말이 아니었어요. 페르세포네를 잃은 데메테르가 미친 듯이 딸을 찾아 헤매느라 대지를 돌보지 않아 땅이 황폐해진 것이지요. 아레투사는 하데스에게 납치당한 페르세포네에겐 아무 도움도 줄 수 없었지만 딸의 행방을 찾느라 정신이 없는 데메테르에게는 결정적인 정보를 제공할 수 있었습니다.

"대지의 여신이시여, 저는 아레투사, 엘리스에 살던 요정이었습니다. 알페이오스의 추격을 피하려고 물줄기가 되어 지하로 스며들고 이곳으로 오는 동안 따님을 뵈었습니다. 슬픔과 두려움에 떨고 있는 페르세포네를요. 그녀는 이 땅 위에는 없습니다. 지하의 신 하데스가 그녀를 데리고 땅속 깊숙이 내려갔어요. 지금쯤 그녀는 지하 세계의 여왕이 되셨을 겁니다."

아레투사의 말을 들은 데메테르는 처음엔 큰 충격에 얼이 빠진 듯 돌덩이처럼 굳었지만 이내 정신을 차리고 올림포스 궁전으로 올라갔지요. 동생이자 남편이며 페르세포네의 아버지인 제우스를 찾아가 모든 사실을 알리고 하데스로부터 딸을 구하기 위해서였지요. 그런데 이게 도대체 어찌 된 일일까요. 왜 하데스는 자기 조카인 페르세포네를 납치해서 지하 세계로 내려간 것일까요? 다음 장에서 이야기를 이어가 보겠습니다.

아레투사 샘물의
연기 신화

아레투사 샘은 어떻게 생겨난 것일까요? 지리학자나 지질학자들은 그 이유를 과학적으로 설명해줄 겁니다. 하지만 옛날 사람들은 세상 만물이 생겨난 데에는 신비로운 신들의 조화가 있었다고 상상했어요. 월계수는 아폴론으로부터 도망치던 다프네가 변신해서 생긴 것이라는 둥, 샘물의 수선화는 나르키소스가 녹아내려 피어난 것이라는 둥, 메아리는 나르키소스를 사랑하던 에코의 목소리만 남은 것이라는 둥 신화적 설명을 붙였습니다. 어떤 것이 생겨난 기원起源의 이유, 연유緣由를 담아낸 이야기라는 뜻에서 연기 설화 또는 연기 신화라고 합니다. 아레투사의 이야기도 대표적인 연기 신화라고 할 수 있습니다. 세상을 신비롭게 바라보던 고대인들의 지혜와 상상력을 감상하면서 주변을 과학과는 다른 시각으로 바라볼 수 있다면 우리의 삶이 더욱 풍부해질 거예요.

페르세포네를 납치한
하데스

　데메테르는 제우스의 두 번째 누나였습니다. '데De'
는 '대지, 땅', '메테르Meter'는 '어머니'라는 뜻이니까 데메테르
라는 이름의 뜻은 '대지의 어머니'입니다. 그를 로마에서는 '케
레스Ceres'라고 불렀는데 이를 영어식으로 읽으면 '시리즈'가
되고, '곡물 또는 곡식'을 뜻하는 '시리얼Cereal'의 어원이 됩니
다. 데메테르가 땅에 초점을 맞춘 이름이라면 케레스는 땅에서
나는 곡식에 초점을 맞춘 것이지요. 아침 식사로 우유에 말아
먹는 시리얼은 그리스 로마 신화의 데메테르, 케레스 여신이
우리 인간들에게 먹고 살아가라고 준 선물인 셈입니다.

그런데 제우스가 자기 누이 데메테르를 네 번째 아내로 삼았고 그 사이에서 페르세포네가 태어났지요. 한편 하데스는 제우스의 첫째 형이고 데메테르의 남동생입니다. 이들은 모두 세상을 지배하던 시간의 신 크로노스와 흐름의 신 레아의 자식들이지요. 그런데 크로노스는 자식들이 태어날 때마다 그들에게 권력을 빼앗길까 두려운 나머지, 자식들을 집어삼켜 자라지도 못하고 옴짝달싹 못하게 배 속에다 가두었습니다. 자신도 하늘의 신이자 아버지인 우라노스를 거세하고 쫓아낸 뒤에 권력을 잡았던 탓에 자식들이 두려웠던 겁니다. 더욱이 거세된 우라노스는 아들에게 쫓겨나면서 이렇게 저주를 내렸거든요.

"네가 감히 나에게 손을 뻗다니, 너도 네 자식들에게 똑같이 당하리라!"

이 말 때문에 크로노스는 자식들이 성장하는 것이 무서웠고, 헤스티아부터 데메테르, 헤라, 하데스, 포세이돈이 모두 그렇게 태어나자마자 크로노스의 배 속에 갇혀 갓난아이 상태로 성장을 멈췄던 겁니다. 어머니 레아는 남편의 폭력에 가슴이 아팠습니다. 자기 권력과 권위를 지키기 위해 자식을 삼키고 가두다니요. 레아는 여섯째 아이, 제우스를 가졌을 때는 크레타섬에 몰래 빼돌려서 낳은 다음, 대신 크로노스의 눈을 속이기 위해 돌덩이를 강보에 싸서 건넸지요. 크로노스가 그것마저 삼키자 레아는 더 이상 아이를 갖지 않겠다고 결심하지요.

아버지 몰래 성장한 제우스는 크로노스의 배 속에 갇힌 형제자매들을 구한 뒤, 이들과 힘을 합쳐 크로노스를 권좌에서 몰아내고 새로운 왕이 됩니다. 그리고 형님들과 제비뽑기를 통해 세상을 나누어 다스리게 되지요. 하늘은 제우스가, 바다는 포세이돈이 그리고 지하 세계는 하데스가 다스렸어요. 땅은 셋이 함께 공동으로 다스리기로 했는데 실제로는 누이들이 다스렸어요. 첫째 누나 헤스티아는 가정과 화로를, 둘째 누나 데메테르는 농사와 곡식을 그리고 셋째 누나 헤라는 결혼을 주관하는 신이 되었지요.

제우스는 헤라와 결혼한 것으로 유명하지만 그전에 먼저 데메테르와 결혼을 했습니다. 둘 사이에는 페르세포네라는 딸이 태어났지요. 데메테르는 제우스의 아내로 살기보다는 딸과 함께 지상에서 머물며 행복하게 살았지요. 그래서 대지는 언제나 따뜻한 봄이었습니다. 데메테르가 행복하니 땅에는 사시사철 꽃이 피고 들판에는 곡식과 채소, 과일이 풍부했어요. 그래서 인간들은 농사를 짓지 않아도 풍요롭게 먹고살 수 있었답니다.

그런데 여러분, 잘 아시지요? 제우스가 여러 여신과 요정, 여인들과 사랑을 나누어 수많은 자식들을 낳았다는 사실을요. 포세이돈도 마찬가지였습니다. 오직 지하 세계를 다스리는 하데스만 사랑도, 결혼도 하지 않았습니다. 자기 일에만 여념이 없었지요. 그런 하데스를 보고 아프로디테가 한숨을 쉬면서 에로스에게 말했지요.

"아들아, 세상을 제우스가 다스리고 있는 것처럼 보이지만 진정한 실세는 우리 아니겠니? 특히 너의 황금 화살에 제우스도, 포세이돈도 굴복했으니 하늘과 바다를 우리가 사랑의 힘으로 정복한 셈이지. 그런데 세상의 삼 분의 일을 다스리는 저 하데스만은 그동안 너의 황금 화살을 용케도 피했구나. 하데스를 굴복시켜야 우리의 세계 지배가 완성되는 거란다. 게다가 저기 페르세포네를 봐라. 결혼할 생각을 전혀 하지 않고 있다. 가라, 자랑스러운 내 아들 에로스야. 하데스의 가슴에 황금 화살을 쏘거라!"

에로스는 어머니의 말에 복종했지만 문제가 있었어요. 신이라도 죽음의 지하 세계는 함부로 들어갈 수 없거든요. 그러니까 하데스를 볼 수가 없는 거예요. 그러면 어떻게 하데스와 페르세포네를 사랑의 인연으로 맺어줄 수 있었을까요?

그러던 어느 날, 마침내 하데스가 땅 위로 올라왔어요. 시칠리아섬에 있는 에트나 화산 때문이었지요. 화산 밑에는 튀폰이라는 엄청난 괴물이 갇혀 있었는데 괴물은 갑갑하다 느낄 때마다 몸부림치며 불을 뿜어냈어요. 그럴 때마다 이곳저곳 땅이 쩍쩍 갈라지고, 이승의 밝은 빛이 지하 세계로 스며들어 죽은 자들의 혼백이 놀랄까 봐 하데스가 크게 걱정했던 거예요. 그래서 하데스는 시칠리아 쪽으로 올라와 에트나 화산을 살펴보았어요.

특별한 이상이 없다는 것을 확인한 하데스는 올라온 김에 지상 여기저기를 둘러보았지요. 그러다가 지금의 튀르키예 땅, 에페소스 들판에서 꽃을 따고 있던 페르세포네를 발견했어요. 그리고 에로스가 그 순간을 놓치지 않고 황금 화살을 하데스의 가슴에 꽂았어요. 둘을 맺어주는 데에는 그것으로 충분했어요. 사랑에 서툴렀던 하데스는 페르세포네를 거칠게 끌어안고 마차에 실은 다음에 시라쿠사 쪽으로 내달렸지요. 바로 그곳에 지하 세계로 통하는 틈이 있었거든요. 납치되는 순간, 페르세포네는 비명을 질렀지만 아무도 하데스를 막을 수 없었어요. 멀리서 데메테르는 페르세포네의 비명을 듣고 불길한 예감에 휩싸였지요.

"페르세포네! 어딨니? 무슨 일이니?" 하고 외치며 소리나는 곳으로 쫓아갔지만 페르세포네를 찾을 순 없었어요. 데메테르는 완전히 '멘붕'에 빠졌지요. 세상에 하나밖에 없는, 자신의 전부였던 사랑하는 딸을 잃었으니 제정신이 아니었을 겁니다. 그때부터 데메테르는 딸을 찾아 세상을 이리저리 돌아다녔지만 어디에서도 찾을 수 없었습니다. 하데스에게 납치되어 지하 세계로 끌려갔으리라고는 상상도 못했지요.

데메테르는 슬픔과 절망, 우울함에 나날이 메말라갔습니다. 그러자 대지도 메말라갔어요. 꽃은 시들고 나뭇잎도 말라비틀어지며 떨어졌고 찬바람에 땅이 얼어붙었습니다. 봄이 사라지고 겨울이 온 세상을 덮자 모든 것이 황폐하게 얼어붙은 겨울의 왕국이 되었습니다. 무엇보다 곡식이 사라지자 사람들과 짐승들이 굶어 죽어갔지요.

마침 시칠리아에 오게 된 아레투사가 슬픔에 빠져 넋을 잃은 데메테르를 보았지요. 아레투사는 알페이오스에게 납치될

뻔했지만 아르테미스 여신의 도움으로 지하를 통해 도망치던 중, 하데스가 페르세포네를 납치해서 지하 세계로 달려가는 것을 보았기에 데메테르에게 모든 것을 이야기했어요.

사실을 알게 된 데메테르는 지하 세계로 하데스를 찾아가는 대신 곧바로 올림포스 궁전의 제우스를 만나러 올라갔어요. 실은 제우스는 이 모든 일을 이미 알고 있었지요. 형 하데스를 자기 딸 페르세포네와 결혼시켜 사위로 삼는다면 권력을 안정시키는 데에 도움이 된다고 생각하고 수수방관했던 거예요. 하지만 데메테르의 슬픔과 상실감 때문에 세상의 모든 짐승과 사람이 굶어 죽을 판이니 대책을 마련해야만 했습니다. 결국 제우스는 하데스를 올림포스로 불렀고 셋이 함께 모이게 되었답니다.

그러나 타협과 해결이 쉽지 않아 보입니다. 데메테르는 딸을 지상으로 데려오고 싶을 테고, 사랑에 빠진 하데스는 페르세포네를 지하 세계에 붙들어 두고 싶을 테니까요. 데메테르와 하데스는 각각 페르세포네를 절대 양보할 수 없다고 한 발짝도 물러서지 않았습니다. 고민하던 제우스는 둘에게 중재안을 내놓았지요. 일 년의 반은 페르세포네가 지상에서 데메테르와 살고, 나머지 일 년의 반은 하데스와 함께 지하 세계에 사는 것을 제안한 겁니다.

　사실 하데스의 속임수에 넘어간 페르세포네는 이미 지하 세계의 석류를 먹었는데, 저승의 음식을 먹으면 지상에 계속 머물 수 없는 상태가 됩니다. 그렇게 지하 세계에 머물다 보니, 페르세포네도 하데스에게 마음이 열리게 되고 둘 사이에도 사랑의 싹이 텄지요. 이런저런 이유로 데메테르는 결국 양보해야만 했고 마침내 셋은 극적인 합의에 이르렀습니다. 이사건 때문에 세상에는 계절이 생기게 되었답니다. 페르세포네의 사랑이 지하로 또는 지상으로 옮겨다니면서, 대지에 온기가 더해지면 따뜻한 계절이 오는 거니까요. 그리고 보니 계절이 생긴 근본적인 이유도 결국 에로스의 화살 때문이로군요.

모든 일은
마음먹기에 달려 있다

　제우스가 내놓은 중재안이 타결되자 지하 세계에 머물던 페르세포네가 지상으로 올라와 데메테르를 만났습니다. 그러자 데메테르는 얼굴에 화색이 돌고 행복해졌으며, 얼어붙고 황폐했던 세상에 다시 생기가 돌면서 싹이 돋아나고 꽃이 피며 열매를 맺는 신록과 풍요의 계절, 봄과 여름이 되었습니다. 이렇게 해서 일 년의 반은 우리가 온화한 기후 속에서 사는 것이랍니다. 하지만 페르세포네가 지하 세계로 돌아가면 데메테르는 이별을 슬퍼하며 우울해졌고, 그러자 지상에는 가을이 깊어가며 낙엽이 지고 혹한의 추위가 몰려오면서 겨울이 온다고 합니다. 그러므로 계절은 데메테르 여신의 감정 변화에 따라 오고 가며 변하게 되었지요.

계절이 왜 생길까요? 지구가 23.5도의 기울기로 자전하고 태양의 둘레를 공전하면서 생기는 것이겠지요? 하지만 먼 옛날 그리스 로마인들에게는 이런 신화적 설명이 있었습니다. 정말 재미있는 상상력이지 않나요? 사실 따지고 보면 이 신화는 계절에 빗대어 인간의 마음을 보여줍니다. 우리도 슬프고 우울할 때, 이를테면 실연을 당하고 사랑하는 사람과 헤어지게 되면 아무리 따뜻한 봄날이어도 마음만은 쓸쓸하고 스산하지만, 반대로 사랑하는 사람과 함께 행복하고 즐겁게 지내면 겨울철의 쌩쌩 부는 찬바람도 상쾌하지 않은가요? 모든 것이 우리 마음먹기에 따라 달라질 수 있다는 것을 데메테르의 신화가 이야기해주는 것입니다.

저승으로 내려간
오르페우스

    사람이 죽으면 어떻게 될까요? 옛날 그리스 로마인들은 죽은 몸에서 빠져나온 혼백이 지하 세계로 내려간다고 생각했어요. 그곳은 하데스가 다스리는 어둠의 세계였지요. 홀로 외롭게 지내던 하데스는 페르세포네를 아내로 얻어 안정을 찾고 행복하게 살게 되었습니다. 하지만 그곳으로 내려온 혼백들이 행복할 리는 없겠지요? 어쩔 수 없이 지하에 살고는 있지만 페르세포네도 오매불망 땅으로 올라가 어머니를 만나고 싶어 했지요. 누가 이 어두운 죽음의 세계를 좋아하겠어요? 땅 위에 사는 사람들이 죽기 싫은 이유도 하데스의 왕국으로 오기 싫어서겠지요. 햇볕이 따뜻하게 비추고 생명이 가득한 곳에서 인간은 인간답게 살 수 있는 거니까요.

그런데 산 채로 이곳으로 내려와야만 했던 사람들이 있었어요. 열두 가지 과업을 수행하던 헤라클레스는 저승의 입구를 지키는 수문장, 머리가 셋 달린 괴물 케르베로스를 잡으려고 내려온 적이 있고, 페르세포네를 납치하려는 페이리토오스와 그를 도우려는 테세우스도 내려온 적이 있었지요. 테세우스는 헤라클레스의 도움으로 천신만고 끝에 죽음의 세계를 빠져나왔지만 페이리토오스는 영원히 저승에 갇히는 신세가 되었답니다(참고로 하데스는 저승과 죽음의 신의 이름이기도 하지만 그가 다스리는 죽음의 세계를 하데스라 부르기도 합니다). 트로이아의 전쟁 영웅인 두 사람, 그리스의 오뒷세우스와 트로이아의 아이네아스도 목적지로 가기 위한 방법을 알기 위해 지하 세계로 내려갔던 적이 있지요. 그러나 지하 세계로 간 사람 중 가장 유명한 이는 아마도 오르페우스일 거예요.

오르페우스는 최고의 가수였어요. 그의 노래는 너무 아름답고 매력적이다 못해 신비로웠어요. 어느 날, 그가 거친 평원의 바위에 앉아 리라를 켜고 노래를 부르자 사방에서 토끼와 사슴에서부터 사자와 호랑이와 같은 맹수들까지 모두 모여들었대요. 노래에 취한 나머지 맹수들이 연약한 동물들을 잡아먹을 생각도 잊고, 모두 친구처럼 사이좋게 앉아 노래를 들었다고 하니 오르페우스의 노래에는 평화와 화합의 힘이 있었나 봐요. 그뿐만이 아니라 참나무, 미루나무, 상수리나무, 월계수 등 수많은 나무들이 오르페우스의 노래를 좀 더 가까이서 듣고 싶은 나머지, 땅에서 뿌리를 뽑고 걸어서 그의 곁으로 몰려들었대요. 그래서 황무지 같았던 그곳이 울창한 숲이 되었답니다. 대단하지요, 나무가 뿌리를 뽑고 움직이다니. 마치 영화 「반지의 제왕」에서 나오는 한 장면이 연상되네요. 영화에도 거대한 나무들이 땅에서 뿌리를 뽑고 성큼성큼 걸어다니는 장면이 있는데, 그 영화를 만든 피터 잭슨 감독도 오르페우스 신화의 한 장면을 자기 작품 속에 넣은 것 같습니다.

그런데 오르페우스는 왜 그렇게 노래를 잘 부를까요? 부모의 피를 이어받아서인 것 같아요. 그의 어머니는 노래의 여신, 아홉 명의 무사Mousa 가운데 하나인 칼리오페였어요. '칼리Kalli'가 '아름답다'라는 뜻이고, '오페Ope'는 '목소리'라는 뜻이니 '아름다운 목소리'로 사람들을 매혹하는 무사였던 셈이에요.

그는 음악과 시의 여러 종류 가운데 웅장한 서사시를 담당하는 여신이었지요. 그리고 오르페우스의 아버지는 태양의 신이며 음악까지 관장하는 아폴론이었어요. 아폴론의 신전이 있는 델피를 품은 파르나소스산에서는 종종 아폴론과 아홉 무사 여신들이 모여 춤과 노래를 즐겼는데 그러다가 아폴론과 칼리오페가 사랑하게 되었나 봐요.

자라서 청년이 된 오르페우스는 숲의 요정 에우뤼디케를 사랑했어요. 아름다운 노래로 에우뤼디케의 마음을 사로잡아 결혼도 하게 되었지요. 어느 날, 에우뤼디케는 물의 요정들과 숲을 거닐고 있었는데 벌을 기르며 꿀을 채집하던 아리스타이오스와 마주쳤어요. 덥수룩한 수염에 우락부락하게 생긴 아리스타이오스는 아름답고 정숙한 에우뤼디케를 보고 바로 반했지요. 격정에 휩싸인 아리스타이오스가 에우뤼디케에게 달려들자 깜짝 놀란 에우뤼디케와 요정들은 비명을 지르며 달아났어요. 그런데 에우뤼디케는 독사가 많이 사는 곳으로 길을 잘못 들었다가 그만 복사뼈를 독사에게 물려 비명횡사하고 말았어요. 가녀린 그녀의 몸은 쓰러졌고 몸에서 빠져나온 혼백은 지하 세계로 빨려 들어가고 말았어요.

에우뤼디케의 비명을 들은 오르페우스는 불길한 기운에 사로잡혔지요. '무슨 일이지?' 오르페우스가 미친 듯이 소리 나는 쪽으로 달려가 보니 에우뤼디케의 몸이 독사에 물려 검게 물들어 쓰러져 있었고, 그녀의 혼백은 이미 지하 세계로 내려간 뒤였어요. 슬픔에 빠진 오르페우스는 그녀를 살려내기로 결심했어요. 그녀의 혼백을 찾아 저승으로 내려가기로 결심한 거예요. 하지만 저승과 이승을 가르는 스틱스강을 건너게 해주는 뱃사공 카론은 오르페우스를 배에 태워줄 수 없다며 거절했어요. 산 사람은 배를 탈 수 없다는 거예요. 오르페우스에게 남은 유일한 방법은 노래였어요. 리라를 켜서 자신의 간절한 소원을 애절한 가사와 곡조에 담아 노래를 시작했어요. 아름다운 노래는 무뚝뚝한 카론의 마음을 움직였고 마침내 오르페우스를 배에 태워 저승의 세계로 데려다주었지요.

"부디, 무사히 저승으로 내려가 아내를 꼭 데려오시오. 나갈 때 둘 다 태워줄 테니."

그리고 저승의 길목을 지키는 괴물 케르베로스도 오르페우스의 노래를 듣고 길을 비켜주었습니다. 그렇게 해서 오르페우스는 멀고 험한 길을 무사히 통과하여 지하 세계의 깊은 곳으로 내려가 하데스와 페르세포네를 만났지요. 그들 앞에 엎드려 제발 에우뤼디케의 혼백을 돌려달라고, 한 번만 살려달라고 애원했어요. 하지만 하데스가 단칼에 거절했고 페르세포네도 외면했어요.

그러나 오르페우스의 노래는 대단했지요. 그 옛날 하데스가 지상으로 올라와 페르세포네에게 반해 그녀를 지하 세계로 데려갔을 때의 사랑을 기억한다면, 지하로 내려와 에우뤼디케를 데려가려는 자신의 마음을 헤아려달라고 간청했지요. 페르세포네가 봄마다 지상으로 올라와 어머니 데메테르를 만나며 누리는 행복을 에우뤼디케와 자신에게도 허락해달라고 노래했어요. 그 애절한 가사가 아름다운 곡조에 실려 저승 세계에 울려 퍼지자 하데스와 페르세포네의 마음이 흔들리기 시작했어요. 오르페우스가 너무 일찍 세상을 떠난 에우뤼디케의 혼백을 다시 놓아주지 않는다면 자신은 다시 이승으로 돌아갈 수 없노라며 울부짖자 마침내 하데스는 에우뤼디케를 돌려보내 주기로 결심하지요.

다만 한 가지 조건을 달았습니다. 오르페우스가 앞장을 서고 에우뤼디케가 뒤따라가되, 이승과 저승의 입구인 아베르누스의 골짜기에 이르러 완전히 저승을 벗어날 때까지 절대로 뒤를 돌아보면 안 된다고 한 겁니다. 돌려보낼 줄 거면 조건을 달지 말고 그냥 '쿨'하게 보내줄 것이지 함정처럼 조건을 달다니 왠지 결말이 불길하지요? 아마도 죽은 사람의 혼백이 지하 세계를 빠져나가는 비밀스러운 장면을 산 사람이 보면 안 되었나 봐요.

그런데 불길한 예감은 틀리지 않는다고 하더니 결국 불행한 일이 벌어지고 맙니다. 카론의 배를 타고 스틱스강을 건너 저승을 완전히 벗어나는 입구까지 잘 참고 왔던 오르페우스가 결국 마지막에 참지 못하고 뒤를 돌아보았던 겁니다.

왜 그랬을까요? 정말 아내가 뒤를 따라오고 있는 것인지, 혹시 하데스가 자신을 속인 것은 아닌지 확인해보고 싶었던 것 같아요. 만약 하데스에게 속아서 혼자 바보 같이 걷는 것이라면 모든 일이 헛수고가 되잖아요. 저승 세계를 완전히 벗어나기 전에 마지막으로 확인하고 싶었던 거예요. 그런데 뒤를 돌아보는 순간 오르페우스는 깜짝 놀랐습니다. 조용히 자신을 뒤따라오던 에우뤼디케를 발견한 거예요. 그리고 약속을 어긴 벌로 결국 에우뤼디케가 다시 지하 세계로 빨려 들어가는 모습을

봐야만 했답니다. 너무나 안타까운 일이지요. 오르페우스는 가슴이 찢어지는 것 같았고 에우뤼디케에게 미안해서 견딜 수가 없었지요. 하지만 에우뤼디케의 얼굴에 원망의 기색은 없었어요. 자신을 다시 살려내려고 목숨까지 걸고 지하 세계까지 찾아온 남편에게 고마웠던 거예요.

결국 에우뤼디케를 두 번이나 잃은 오르페우스는 평생 독신으로 지내며 산으로 숲으로 돌아다니며 아픈 가슴을 달래기 위해 노래를 불렀어요. 그런데 그의 노래는 자신을 위로하는 데서 그치지 않고 듣는 모든 이들에게 행복을 안겨주었다고 해요. 많은 팬을 거느린 그에게는 극성스러운 팬들도 있었어요. 그들은 오르페우스에게 사랑을 고백하며 달려들었으나 에우뤼디케만을 가슴에 품은 오르페우스가 그녀들을 차갑게 거부하자, 분노한 그들이 오르페우스를 찢어 죽였다고 합니다. 그렇게 세상을 떠난 오르페우스는 지하 세계로 내려가 에우뤼디케를 다시 만났고 그곳의 다른 이들과 달리 아내와의 재회를 기뻐하며 행복하게 지내고 있다고 해요. 사랑은 죽음의 어둠도 이겨내는 힘이 있는 것 같아요.

참을 수 없는 그 뜨거움,
사랑

　사랑은 격렬한 감정입니다. 이성적으로 쉽게 제어할 수 없고 활활 타오르는 불꽃 같습니다. 소나기가 퍼부어도 꺼지지 않는 이글거리는 불꽃입니다. 불현듯 연인이 보고 싶으면, 하던 일을 멈추고 모든 것을 내던지고 무작정 열차를 타고 서울에서 부산까지 가게 만드는 것이 사랑입니다. 오르페우스를 보세요. 그는 죽은 아내가 보고 싶어서 죽음도 두려워하지 않고 삶을 모두 내던져버려도 좋다는 심정으로 지하 세계로 내려가잖아요. 에우뤼디케에 대한 그의 사랑이 그 어떤 계산도 통하지 않는 열렬하고 순수한 것 그 자체임을 보여주고 있습니다.

　그가 지하 세계로 내려가는 그 험난한 여정을 모두 이겨내고, 마침내 에우리뒤케를 만나 그녀를 데리고 저승의 입구까지 왔지만 도저히 참지 못하고 뒤를 돌아봤다가 다시 아내를 잃고 맙니다. 너무 바보 같은 일이지요. 조금만 참았더라면 아내와 다시 이 세상에서 행복한 날을 보낼 수 있었을 텐데 그것 하나

참지 못하다니, 비난하는 사람도 있는가 봅니다. 그러나 그를 비난하기 전에 그의 사랑이 얼마나 뜨거운 것이었나를 생각해 보세요. 아내가 보고 싶어서, 아내가 없을까 봐서 뒤를 돌아보았던 오르페우스의 마음은 정말 한 치의 계산도 없는, 그 어떤 이성으로도 제어될 수 없는 뜨거운 사랑 그 자체가 아니었을까요? 이 대목에서 지혜로운 사랑을 말하는 것은 부질없어 보입니다. 그 바보 같은 사랑에 그저 감동할 뿐이지요.

에로스와 프쉬케의
사랑과 이별

죽은 신부를 찾아 저승으로 내려간 오르페우스
처럼 사랑을 되찾기 위해 저승으로 내려간 여인도 있었어요.
이름은 프쉬케, 어느 한 왕국의 공주였어요. 그는 자애로운 부
모님과 두 언니와 함께 행복하게 살고 있었지요. 세 공주 모두
아름다워서 사람들의 칭찬이 자자했는데 특히 프쉬케의 미모
는 독보적이었습니다. 남자들뿐만 아니라 여자들까지도 프쉬
케의 아름다운 모습을 보려고 왕궁으로 몰려들었고 심지어 요
정들까지도 구경을 왔답니다. 프쉬케가 모습을 드러내면 사람
들은 감탄과 환호를 보냈지요.

"세상에 어떻게 저렇게 아름다울 수가 있을까? 아니, 미의 여신 아프로디테보다 더 아름다운 거 아니야?"라고 말할 정도 였지요. 이것이 화근이었습니다. 천하의 아프로디테, 모든 여신들 가운데 가장 아름답다는 아프로디테가 프쉬케를 칭송하는 사람들의 말을 듣고 가만있을 리 없었지요. 질투심에 휩싸인 아프로디테는 큰 소리로 아들 에로스를 불렀습니다.

"아들아, 프쉬케를 가만두면 안 되겠구나. 가서 사랑의 화살을 한 방 쏘렴. 그래서 이 세상에서 가장 못생기고 더러운 놈과 사랑에 빠지게 만들어라!"

사람이 아무리 아름다워도 여신보다, 그것도 아프로디테보다 아름다울 수 있을까요? 그러나 아프로디테는 사람들의 칭송이 프쉬케에게로 향하는 것을 견딜 수가 없었습니다. 그리고 에로스는 어머니의 말씀을 잘 듣는 착한 아들이었나 봅니다. 어머니의 진노를 누그러뜨리려 당장 프쉬케에게로 날아갔습니다. 들판의 커다란 나무 그늘 아래 잠들어 있는 프쉬케를 발견한 순간, 에로스는 깜짝 놀라고 말았어요. 인간이라고 하기에는 너무나 아름다웠기 때문이었지요.

'아니, 미모가 정말 장난이 아닌데. 소문이 사실이잖아. 진짜로 어머니보다 훨씬 더 예쁜 것 같아! 하지만 불쌍하군. 이 세상에서 가장 못난 자와 사랑을 해야 한다니. 자, 이제 그러면 이 여인이 누굴 사랑하게 만들까?'

에로스는 이렇게 생각하며 화살통에서 황금 화살을 꺼냈습니다. 그런데 너무나 예쁜 프쉬케의 얼굴에서 눈을 뗄 수가 없었지요. 그렇게 정신없이 바라보다가 그만 화살을 잘못 건드리는 바람에 자기 허벅지를 푹 찌르고 말았어요. 그제야 비로소 에로스는 자기 화살이 얼마나 위력적인지를 알게 되었습니다. 그의 가슴은 쿵쾅거렸고 도무지 진정할 수가 없었습니다. 프쉬케를 사랑하게 된 겁니다. 다른 누구도 그녀를 사랑하게 만들고 싶지 않았지요.

그런데 아마 여러분의 머릿속에선 에로스가 작은 어린아이 모습으로 그려져 있을 것 같네요. 그렇다면 에로스가 자신의 화살에 찔리면서 프쉬케를 사랑하게 되자, 갑자기 쑥 성장한 것은 아닐까 상상해봅니다. 어쨌든 프쉬케와의 사랑 이야기에서 에로스는 어린아이가 아니라 성숙한 청년의 모습입니다. 사랑을 하게 되면 그만큼 성장하게 되는 것 아닐까요?

에로스는 잠이 깊이 든 프쉬케를 안고 깊은 숲속에 있는 자신의 비밀 궁전으로 데려갔지요. 잠에서 깨어난 프쉬케는 깜짝 놀랐습니다. 너무도 화려하고 멋진 궁전의 풍경이 눈앞에 펼쳐졌기 때문이었지요. 하지만 누구의 궁전인지는 몰랐습니다. 프쉬케의 시중을 드는 하인들도 여럿 있었지만 모습을 드러내지는 않았습니다. 오로지 목소리만 들릴 뿐이었지요.

밤이 되자 궁전이 온통 깜깜해졌습니다. 그제야 비로소 에로스는 프쉬케가 있는 침실로 들어갔습니다. 하지만 에로스는 자신의 정체를 숨기고 모습도 드러내지 않았지요.

"아름다운 신부여, 나의 프쉬케. 이제부터 그대는 나의 아내요, 나는 그대의 남편입니다. 당신은 이 세상에서 가장 멋진 궁전에서 아무 부족함 없이 행복하게 지낼 수 있을 거에요. 나는 당신을 진심으로 사랑합니다. 우리의 사랑이 당신을 행복하게 할 겁니다. 하지만 이 풍요로움과 행복과 사랑을 지키려면 조건이 하나 있어요. 절대로 나를 보려고 하지는 마세요."

프쉬케는 이 말을 듣고 깜짝 놀랐습니다. 혼돈의 도가니에 빠진 것 같았지요. '아니, 잠깐 낮잠을 잤을 뿐인데, 깨어나 보니 유부녀라니? 그건 그렇다 쳐. 어떻게 상대의 모습을 보지도 않고 사랑을 하고 결혼 생활을 할 수 있는 건가? 혹시 저놈은 무시무시하게 생긴 괴물이 아닐까? 감미롭고 신비로운 목소리로 나를 안심시키고 혹시 잡아먹으려는 건 아닐까?'

하지만 프쉬케는 달리 그 어떤 일도 할 수가 없었지요. 일단 그의 말을 따르는 수밖에는. 아무리 이상한 일도 시간이 흐르고 반복되면 익숙해지는 법일까요, 프쉬케는 어느덧 이 희한한 결혼 생활에 곧 익숙해졌습니다. 처녀였던 그녀는 결혼이 뭔지 아직 잘 몰랐지요. 부모님의 단란한 부부 생활을 보긴 했지만 그것이 전부는 아닐 거라고 생각했어요. 얼마 지나지 않아 그녀는 보이지 않는 신랑과의 달콤한 신혼 생활을 즐기게 되었고, 그 행복을 놓치고 싶지 않아 남편과 한 약속을 지키려고 노력했습니다.

하지만 시간이 지날수록 가족이 그리워졌어요. 아버지, 어머니 그리고 언니들이 보고 싶었어요. 그래서 남편에게 간곡히 부탁했지요. 에로스는 그런 프쉬케의 마음을 헤아려 언니들을 데려와 잠시나마 만날 수 있도록 해주었습니다. 부부 사이의 약속을 잘 지키려고 노력하는 프쉬케에게 선물과도 같았지요. 언니들을 만난 프쉬케는 모처럼 외로움을 달랠 수 있었습니다.

그런데 언니들이 문제였어요. 그들은 이전에도 사람들이 프쉬케가 아름답다고 하도 칭찬하는 바람에 질투를 느꼈었는데, 갑자기 사라진 프쉬케가 으리으리한 궁전에서 호의호식하며 잘 사는 모습을 보니 배가 아팠던 겁니다. 언니들은 프쉬케가 누리는 행복에 흠집을 내고 싶었어요. 남편은 어떤 사람이냐고 물었는데, 프쉬케가 얼굴을 한 번도 보지 못했다고 답하자 언니들은 깜짝 놀랐습니다.

"아니, 신랑이 얼굴을 보여주지 않는다고? 그건 말이야, 어쩌면 네 남편이 괴물이기 때문일지도 몰라. 언젠가는 너를 쥐도 새도 모르게 잡아먹을 거야! 너 그거 아니, 옛날부터 너에게는 괴물과 결혼할 운명이라는 예언이 있었다는 거?"

정말 언니들이 프쉬케를 걱정해서 한 말일까요? 아니면 프쉬케를 질투해서 동생이 행복을 누리는 대신 불안과 의심에 사로잡히게 만들고 싶었던 걸까요? 그러면서 이렇게 덧붙였어요.

"네 남편이 어떤 사람인지 확인하는 게 필요해. 남편이 깊이 잠들었을 때 등불을 켜고 얼굴을 확인해 봐. 그래서 만약 끔찍한 괴물이라면 없애버려야 해. 안 그러면 네가 죽는 거야!"

"하지만 언니, 내 남편은 절대로 얼굴을 봐서는 안 된다고 했는데 그 약속을 어겨도 될까?"

"그러니까 몰래, 들키지 않게 보는 거야. 괴물이면 없애버리고, 괴물이 아니면 조용히 등불을 끄고 약속을 철저히 지킨 것처럼 살면 되잖아."

시간이 되어 언니들은 다시 집으로 돌아갔습니다. 그리고 혼자 남은 프쉬케의 마음은 더욱더 복잡하고 시끄러워졌지요. 남편과의 약속을 지킬 것인가, 아니면 언니들의 말대로 남편이 괴물인지 아닌지 확인해볼 것인가. 끝내 불안과 의혹이 믿음을 이기고 말았습니다. 프쉬케는 남편이 깊이 잠든 사이에 한 손에는 칼을, 한 손에는 등불을 들고 침대로 다가섰지요. 그리고 남편의 얼굴로 등불을 가깝게 들이댔어요. 남편의 얼굴을 가리고 있던 어둠이 등불의 빛에 의해 벗겨지는 순간, 프쉬케는 너무나도 깜짝 놀랐습니다. 평화롭게 잠들어 있는 남편의 잘생긴 얼굴을 보게 된 겁니다. 그 미모가 얼마나 충격적이었던지 프쉬케는 주춤하다가 그만 손에 들고 있던 등잔을 기울이게 되었고, 거기에서 달구어진 기름이 흘러내려 에로스의 몸으로 떨어졌지요.

깜짝 놀라 깨어난 에로스는 프쉬케가 한 손에는 등불을 그리고 다른 손에는 칼을 들고 있는 모습을 보고는 배신감에 치를 떨며 분노하여 아내를 홀로 남겨두고 떠나버렸습니다. 사랑은 언제나 믿음과 함께 하는 것이지, 의심과 함께 할 수는 없는 법이지요. 에로스가 떠나간 빈자리를 두고 프쉬케는 하염없이 눈물을 흘렸습니다.

타인의 행복에
축하를 보낼 줄 아는 마음

에로스와 프쉬케의 안타까운 사연은 유럽의 동화 작품 『미녀와 야수』 이야기의 바탕이 되었답니다.

프쉬케는 얼굴을 모르는 남편과도 행복하게 살고 있었지요. 그러나 언니들과의 대화는 그의 마음을 흔들었습니다. 언니들이 프쉬케에게 "너를 이렇게까지 행복하게 해주는 남편의 말을 끝까지 믿어주는 것도 좋겠어"라고 말해주었다면 얼마나 좋았을까요? 하지만 언니들은 프쉬케가 남편에 대한 믿음을 지키는 것보다는 의혹에 사로잡혀 약속을 깨게 만들고 싶었던 것 같습니다. 만약 그렇게 해서 프쉬케와 비밀의 남편 사이가 깨진다면 그 틈 사이로 자신들이 비집고 들어가 동생의 행복을 가로채 누리고 싶었던 마음도 있었던 것이겠지요.

언니들의 질투는 프쉬케를 불행에 빠뜨렸습니다. 프쉬케는 에로스가 떠난 후에 비로소 자신이 남편을 얼마나 사랑하는지 알게 되었답니다. 상실로 인한 불행이 그녀가 에로스와 함께했던 사랑의 크기만큼 컸던 것이지요.

하지만 우리가 무작정 프쉬케의 언니들을 비난할 수 있을까요? 가만히 우리 안을 들여다보면 프쉬케 언니들의 모습이 보입니다. 그녀들은 다른 사람이 잘되는 것을 못마땅하게 여기고 시기와 질투에 사로잡히기도 하는 우리 내면의 또 다른 모습을 고스란히 비춰줍니다.

그래서 시기와 질투를 이겨내는 사람이야말로 정말 훌륭한 사람인 것 같습니다. 남이 잘될 때 진심으로 축하해줄 수 있는 마음을 가지려고 노력하면 정말로 가질 수 있을까요? 이것도 연습이 필요합니다. 다른 사람이 성공했을 때 먼저 축하의 박수를 보내보세요. 그러면 손바닥이 뜨거워지면서 냉랭했던 마음이 조금씩 열리기 시작할 겁니다.

사랑을 쟁취하기 위한
프쉬케의 모험

프쉬케의 의심과 배신 때문에 속상하고 분노한 에로스는 매정하게 그를 떠나버렸습니다.

"내 말을 끝까지 지켜주었다면 좋았을 텐데…… 당신에게 내가 누구인지 말하지 않은 것은 미안한 일이지만 나에게도 사정이 있었소. 난 아프로디테의 아들 에로스요. 내가 누구인지 알게 된 이상 난 당신과 함께할 수 없소. 어머니가 당신에 대한 분노와 질투를 거두지 않을 텐데 이 사실을 알면 그 분노는 나를 향하게 될 것이오. 이제 모든 것이 끝났소. 나를 위해 그리고 당신을 위해 나는 떠나겠소. 더 이상 나를 찾지 마시오."

프쉬케의 마음에는 에로스가 남기고 간 말이 계속 울렸습니다. 믿음을 가지고 약속을 지키지 못한 자신을 원망하고 또 원망했고 에로스에게 미안해서 견딜 수가 없었습니다. 그리고 그가 떠난 빈자리는 프쉬케가 에로스를 얼마나 사랑하고 있는지 깨닫게 해주었지요. 프쉬케는 또다시 에로스의 말을 거역하기로 결심합니다. 그냥 주저앉아 있을 수만은 없다고 생각했지요. 자신을 떠난 에로스를 찾아 나서기로 합니다. 진심 어린 사과를 하고 싶었고 사랑한다고 고백하고 싶었습니다. 무엇보다도 에로스를 만나고 싶어 견딜 수가 없었습니다. 단 한 번 본 그 얼굴을 도무지 마음에서 지울 수가 없었습니다.

어떤 때는 따지고 싶었습니다. 사랑과 의심은 함께 할 수 없지만, 사랑을 빙자하여 상대를 속이는 일이 얼마든지 일어날 수 있는 게 또 인간들의 세상이 아닌가요? 프쉬케의 의심을 무조건 비난할 수만은 없는 일이잖아요. 사랑하는 사람 사이의 신뢰는 수많은 경험과 곡절을 통해서 쌓여가는 것이니까요. 어쩌면 프쉬케는 에로스가 떠나갈 그때까지 에로스에 대해 신뢰를 충분히 갖지 못한 상태였던 것이 아닐까요? 보이지 않는 남편을 어떻게 무작정 믿고 따를 수가 있다는 말인가요? 프쉬케는 에로스를 만나 그렇게 억울한 심정도 모두 털어놓고 싶었을 지도 모르겠습니다.

어쨌든 프쉬케는 의심의 대가를 톡톡히 치르게 됩니다. 에로스를 찾아서 온 세상을 헤매고 다녔지요. 그리고 마침내 아프로디테의 신전에 이르렀습니다. 다시 에로스를 만나게 해달라고 엎드려 간절하게 몇 날 며칠 기도했어요. 그러자 아프로디테가 나타나 말했습니다.

"인간 주제에 나보다 더 아름답다는 찬사를 듣다니 괘씸한 것. 그리고 몰래 내 아들과 결혼을 해? 게다가 내 아들 에로스의 가슴에 못을 박다니! 너에게 큰 벌을 내려 마땅하지만 너의 정성과 사랑하는 아들을 봐서라도 기회를 한 번 주겠다. 네가 만약 내가 지시하는 것을 모두 다 해낸다면 다시 에로스를 만나게 해주겠다."

프쉬케는 에로스와 다시 만날 수 있다는 희망에 겨워 기쁨의 눈물을 흘렸어요. 하지만 아프로디테가 정말로 재회의 기회를 주려는 걸까요? 아니면 희망을 빙자한 고문을 하며 프쉬케를 괴롭히려는 걸까요? 그 누구도 해내기 어려운 '미션 임파서블'을 지시한다면 그건 명분을 달아서 프쉬케를 괴롭히는 벌을 주는 것이겠지요.

실제로 그랬습니다. 애초부터 프쉬케가 맘에 들지 않았던 아프로디테가 선의로 그녀에게 재회의 기회를 줄 리 만무했습니다. 첫 번째 숙제는 신전의 곡물 창고에 뒤죽박죽 섞여 산더미처럼 쌓여 있는 곡물들, 밀, 보리, 콩, 옥수수, 기장 등을 종류별로 분류하라는 것이었습니다. 그것도 단 하루만 주고서 저녁까지 하라는 것이었어요. 그건 불가능한 일이었습니다. 이것으로 아프로디테가 프쉬케에게 재회의 기회를 준 게 아니라 주는 척만 하고서 실제로는 지독한 벌을 내리는 것이 분명해졌습니다. 결국 해내지 못하면 프쉬케는 고생만 하다가 절망적인 결과를 얻을 테니까요.

하지만 프쉬케는 절망하고 포기할 수는 없었습니다. 일단 할 수 있는 데까지 해보겠다는 마음으로 덤벼들었지요. 하루 종일 웅크려 앉아 곡물을 분류했습니다. 하지만 끝을 보지 못하고 그만 지쳐 쓰러져 버렸지요. 이대로 그냥 끝날 판이었습니다. 아프로디테는 프쉬케를 가혹하게 비난한 후에 쫓아내겠지요? 약속한 시각이 되었을 때, 아프로디테는 회심의 미소를 지으며 곡물 창고로 갔고 쓰러져 있는 프쉬케를 보았습니다.

그리고 뒤죽박죽 섞여 쌓여 있던, 산더미 같던 곡식들이 종류별로 가지런히 정돈된 것도 보게 되었지요. 아프로디테는 깜짝 놀랐습니다. '아니, 이 일을 어떻게 해낸 것이지?'

쓰러져 있던 프쉬케도 일어나 그 광경을 보고 아프로디테보다 더 깜짝 놀랐지요. '도대체 이게 어떻게 된 일이지? 내가 지쳐 쓰러져 잠들었던 모양인데, 어떻게 이렇게 모든 것이 정돈된 거지?'

이 모든 것은 프쉬케를 멀리서 지켜보던 에로스가 부린 조화였습니다. 절망 가운데에서도 최선을 다하다가 쓰러진 프쉬케의 모습에 에로스의 마음이 애틋해졌던 거지요. 프쉬케에게 섭섭함과 괘씸함도 있었지만 동시에 미안한 마음도 있었던 에로스는 그녀를 돕기로 했습니다. 그래서 곡물만큼이나 많은 개미떼를 보내주었지요. 개미들이 곡물 알갱이를 입에 물고 종류별로 분류했던 겁니다. 프쉬케는 에로스가 이 모든 것을 해주었다는 사실을 직감하고 용기를 얻었습니다. 의심 때문에 깨진 사랑의 조각이 새로운 믿음을 통해 회복되기 시작한 겁니다.

반대로 아프로디테의 마음은 더 큰 분노로 부풀어 올랐습니다. 첫 번째 미션을 수행한 프쉬케에게 에로스를 만나게 해주는 대신 더 힘들고 험한 미션을 제시했지요. 사실 아프로디테에게는 프쉬케를 받아들일 마음이 전혀 없었던 겁니다. 기회를 주는 척하면서 엄청난 고통을 주고 여차하면 아예 없애버릴 마음까지 있었던 것 같습니다. 그다음에 아프로디테는 맹수처럼 사나운 황금 털을 가진 양 떼에게 다가가 양털을 모아오라고도 하고, 천 길 낭떠러지로 떨어지는 폭포수에 가서 항아리에 물을 담아 오라고도 시켰어요. 그것은 연약한 여인이 해낼 수 있는 일은 아니었습니다. 그 일을 하다가 정말 죽으라는 얘기나 다름없었지요. 아프로디테는 이쯤에서 프쉬케가 지레 겁을 먹고 포기할 것이라고 생각했던 것 같아요.

하지만 프쉬케는 에로스에 대한 사랑과 믿음으로 힘든 과제에 용감하게 뛰어듭니다. 아프로디테는 프쉬케가 포기하지 않고 모든 과제에 과감하게 도전하여 차례차례 성공해내자 더욱더 화가 났습니다. 그리고 정말 끝장을 내려는 듯 마지막 과제를 냅니다. 그것은 저승 세계로 내려가 그곳의 왕비인 페르세포네의 화장품을 얻어오라는 것이었지요. 산 사람에게 저승으로 가라는 것은 그야말로 죽으라는 이야기인데 과연 프쉬케는 이 죽음의 과제를 수행해낼 수 있을까요?

고난과 시련을 통해
더욱 단단해지는 마음

에로스를 다시 만나기 위해 어려운 과제에 서슴없이 도전한 프쉬케의 이야기를 읽으며 여러분은 어떤 생각이 드나요? 아마 프쉬케는 에로스에게 저지른 잘못을 지우려면 이 모든 도전을 감행해야 한다 생각하며, 어려운 순간 에로스가 자신을 도울 것이라는 믿음도 있었던 것 같습니다. 그 믿음대로 프쉬케는 불가능할 것 같은 미션을 어렵사리 수행해냈는데 그때마다 에로스가 몰래 도와주었습니다.

하지만 만약 프쉬케가 용기를 내서 도전하지 않았다면 에로스가 도울 기회조차 없었을 테니 프쉬케의 결단, 도전하는 용기가 가장 중요했던 것입니다. 프쉬케는 몸소 사랑의 힘 그리고 상대를 믿고, 상대를 만나겠다는 희망의 힘이 얼마나 대단한 것인지를 보여주었습니다.

사랑은 그야말로 물불 안 가리는 뜨거운 열정입니다. 합리적으로 계산하고 따질 만한 여력이 없지요. 그 무엇보다 강하

고 모든 것을 이겨내는 힘은 언뜻 불합리해 보이지만 식을 줄
모르는 사랑, 그 위대한 불꽃에서 솟구쳐 오르는 것일지도 모
르겠습니다.

죽음을 이겨낸
사랑과 영혼의 힘

아프로디테가 프쉬케를 저승으로 보냈다는 사
실을 알게 된 에로스는 깜짝 놀랐습니다. 그는 프쉬케를 말리
고 싶었습니다. 프쉬케가 포기하지 않고 도전하다가 지하 세계
에서 다시 나오지 못한다고 생각하니 아찔했습니다. 지하로 내
려가는 길도 어렵지만 설령 가는 데 성공한다 해도 다시 나오
지 못한다면 그대로 저승에 갇히는 것이니, 그것은 곧 죽음을
의미했습니다. 하지만 프쉬케의 의지는 꺾을 수 없었습니다.

에로스는 처음에도 그랬듯이 이번에도 자신의 정체를 숨긴
채로 프쉬케에게 조언을 건넸습니다. 지하 세계로 내려가려면

동전과 빵을 챙겨갈 것, 도착해서는 아무것도 먹지 말 것 그리고 페르세포네의 화장품이 담긴 상자를 아프로디테에게 전달할 때까지 절대로 열지 말 것.

드디어 프쉬케가 지하 세계를 향해 내려가게 되었습니다. 하지만 에로스는 더 이상 프쉬케를 도울 수 없었습니다. 저승 안으로 들어서면 모든 일을 프쉬케 혼자서 해결해야만 했지요. 먼저 이승과 저승을 가르는 스틱스강을 건너야 했는데 뱃사공 카론이 승낙하지 않았습니다. 산 사람이 스틱스강을 건널 수는 없다는 것이었지요. 그러자 프쉬케는 준비했던 동전을 건네주었습니다. 동전을 받은 카론은 그녀를 강 건너 저승의 입구까지 무사히 데려다주었습니다.

저승 입구에서는 머리가 셋 달린 케르베로스가 날카로운 이빨을 드러내며 으르렁거리며 프쉬케를 막아섰습니다. 그러자 프쉬케는 빵을 던져주었습니다. 빵을 본 케르베로스의 세 개의 머리는 문지기로서의 본분을 잊고 빵을 먹겠다고 서로 험악하게 다투기 시작했습니다. 그 틈에 프쉬케는 저승으로 들어가는 문을 통과할 수 있었습니다.

마침내 저승의 옥좌에 앉아 있는 하데스와 페르세포네를 만났습니다. 프쉬케는 여기까지 오게 된 사연을 눈물로 이야기했습니다. 그러면서 예전에 페르세포네를 사랑하여 납치했던 하데스의 기억을 되새기게 하는 한편, 지상에서 딸 페르세포네를 기다리는 데메테르의 심정에 빗대어 에로스를 만나고 싶은 간절한 그리움을 표현해 페르세포네의 마음을 움직이려고 했습니다. 페르세포네와 하데스는 프쉬케의 눈물 젖은 이야기를 듣고 측은한 마음이 들어 아프로디테가 너무한다고 비판했습니다. 그리고 차라리 여기에 머무는 것이 더 좋겠다며 음식을 제공하려고 했지요.

그때 프쉬케의 정신이 번쩍 들었습니다. '저승에서는 그 무엇도 먹지 말라'는 에로스의 경고를 떠올리며 정중하게 거절했습니다. 만약 프쉬케가 그 음식을 먹었다면 그녀는 다시 나오지 못했을 겁니다. 예전에 지하 세계에 납치되었던 페르세포네도 석류 몇 알을 먹었다는 이유로 저승에 머물러야만 했으니까요. 그리고 아프로디테의 마지막 과제를 내놓았습니다.

"저에게 페르세포네 님의 화장품이 담긴 상자를 주세요. 그것을 아프로디테 님께 가져가야 제가 에로스를 다시 만날 수 있답니다."

두 신의 마음이 프쉬케의 간절한 설득에 움직였던 걸까요? 이야기를 듣던 페르세포네는 프쉬케에게 화장품이 담긴 것이라며 고급스러운 상자를 내주었습니다.

"이것이 아프로디테가 원하는 나의 화장품 상자다. 이 화장품은 지상의 것과는 비교도 안 되지. 햇빛 한 줄기 들지 않는 지하 세계에서도 빛나는 아름다움을 지켜준단다. 이것은 아프로디테에게 네가 직접 전해주거라. 욕심내지 말고 네가 열어보는 일이 없도록 해라."

화장품 상자를 받아든 프쉬케는 작별 인사를 드리고 지상으로 나왔습니다. 지금까지는 프쉬케가 실수 없이 잘 해냈지요. 단 '상자를 절대 열지 말라'는 당부, 마지막 한 가지만이 남았습니다. 이제 페르세포네가 준 화장품 상자를 가지고 아프로디테에게 가기만 하면 모든 것이 끝납니다. 그러면 그렇게 바라던 에로스를 축복 속에서 다시 만날 수 있겠지요?

그런데 프쉬케는 에로스를 다시 만날 생각에 그 약속을 잊고 말았습니다. 에로스에게 잘 보이고 싶었고, 자신의 몰골이 흉하니까 화장이 필요하다고 생각했는지 아니면 상자 안에 들어 있는 페르세포네의 신비로운 화장품이 어떤 것인지 궁금해

견딜 수가 없었던 건지, 마지막 관문 앞에서 경고를 잊고 말았습니다. 에로스의 얼굴을 확인하기 위해 등불을 들었던 때처럼 떨리는 손으로 화장품 상자를 열었던 것이지요. 그런데 거기에는 화장품 대신 사람이든 신이든 영원히 잠들게 하는 '저승의 잠'이 들어 있었습니다. 상자를 연 프쉬케는 영원한 잠에 빠져들고 말았습니다.

사실 페르세포네는 아프로디테를 영원히 잠들게 만들고 싶었습니다. 과거에 두 여신은 아도니스라는 소년을 두고 경쟁을 벌였던 적이 있었거든요. 아도니스는 뮈르라라는 여인의 아들이었는데 뮈르라는 아프로디테의 저주를 받아 몰약나무로 변하고 말았지요. 그가 나무로 변하고 난 뒤에 아도니스를 낳은 거예요. 아프로디테는 아이를 보고 깜짝 놀랐어요. 자신의 아들 에로스를 너무나도 쏙 빼닮았던 거죠. 측은한 마음이 든 아프로디테는 아이를 저승에 있는 페르세포네에게 맡겼어요. 그런데 아도니스가 성장해 청년이 되자 너무나도 멋진 미남이 되었던 거예요. 그런 아도니스를 두고 아프로디테와 페르세포네가 서로 싸웠지요. 자기가 아도니스를 데리고 있겠다고 주장했는데 두 여신의 속마음에는 아도니스에 대한 사랑이 불타고 있

었어요.

둘 사이를 중재하기 위해 나선 제우스는 예전에 페르세포네를 두고 하데스와 데메테르가 싸울 때 사용한 것과 같은 방법을 썼어요. 일 년의 삼 분의 일은 지하 세계에서 페르세포네와 함께 살고, 삼 분의 일은 지상에서 아프로디테와 살고, 나머지 삼 분의 일은 아도니스의 선택에 맡겼지요. 그런데 아도니스는 아프로디테를 선택했어요. 당연히 페르세포네는 화가 났고 아프로디테는 의기양양했지요.

"그러니까 미모로는 나, 아프로디테를 그 누구도 따라올 수 없다니까. 하물며 지하 세계의 여왕쯤이야! 역시 아도니스의 안목은 정확해."

사랑하는 청년을 빼앗긴 것도 분하고 억울한 일인데, 아름다움에서 비교가 되어 낮게 평가되었다는 것 때문에 페르세포네는 여간 자존심이 상하는 것이 아니었습니다. 그때의 기억을 페르세포네는 잊지 않고 있었지요. 심지어 나중에 멧돼지의 엄니에 받혀 목숨을 잃은 아도니스는 아네모네 꽃이 되었는데, 페르세포네는 겨우내 땅에 묻혀 있는 아도니스 씨를 볼 뿐인 반면 아프로디테는 아도니스가 파란 싹을 틔우고 아름다운 꽃으로 피어나는 모습도 누리니, 그것도 페르세포네에게는 엄청 화가 나는 일이었지요.

그렇다 보니 프쉬케가 지하로 내려와 아프로디테의 과제를 말할 때 페르세포네는 드디어 복수를 할 기회를 잡았다고 좋아 했던 겁니다. 그래서 아프로디테에게 건네줄 때까지 상자를 절 대로 열어 보지 말라고 신신당부했던 거고요.

자, 이것으로 프쉬케의 모든 것이 끝난 걸까요? 잠에 빠진 프쉬케는 에로스와 영원한 이별을 하고 만 것일까요? 아닙니 다. 극적인 반전이 일어납니다. 이 모든 것을 지켜보던 에로스 는 그동안 프쉬케에게 가졌던 배신감과 분노를 완전히 씻어버 리고, 자신을 다시 찾아오려고 목숨까지도 아끼지 않았던 프쉬 케를 안고 올림포스 궁전으로 올라갑니다. 아프로디테는 영원 한 잠에 빠져 있는 프쉬케를 보면서 처음으로 나쁜 마음을 버 리고 동정심을 가졌지요. 고맙기도 했습니다. 프쉬케가 아니었 다면 그녀가 영원한 잠에 빠졌을 테니까요. 그 잠을 깨울 수 있 는 유일한 존재는 하데스와 페르세포네뿐인데, 그들이 아프로 디테를 다시 깨어나게 할 리는 없으니까요.

궁전에 모인 모든 신은 프쉬케를 칭찬했고 페르세포네와 하데스를 설득해서 그녀가 다시 깨어나게 했습니다. 에로스는 모든 신들이 보는 앞에서 정식으로 프쉬케와 결혼식을 올렸고, 프쉬케는 암브로시아와 넥타르를 먹고 마시면서 신으로 거듭나게 됩니다. 그렇게 해서 프쉬케는 에로스와 영원히 올림포스에 머물게 되었다고 합니다.

심리학 용어 속에
살아 숨 쉬는 프쉬케

1990년 겨울, 영화 「사랑과 영혼」이 개봉되었습니다. 이 영화는 오랫동안 많은 사람의 사랑을 받았지요. 그런데 갑자기 왜 영화 이야기를 하느냐고요? 바로 에로스Eros라는 이름이 '사랑', 프쉬케Psyche의 이름이 '영혼'이라는 뜻이니, 에로스와 프쉬케의 이야기는 그야말로 그리스 로마 신화판 '사랑과 영혼'이라고 할 수 있겠지요? 사랑은 단순한 감정, 격정, 욕망이 아니라 상대와 함께하려는 위대한 의지이며, 불굴의 노력으로 완성되는 것임을 에로스와 프쉬케가 보여주었습니다.

그리스어에서 프쉬케는 '영혼'이라는 뜻으로 통하지만 원래는 '목숨'이라는 뜻이었어요. 모든 생명체는 호흡을 합니다. 숨을 들이마시고 내쉬지요. 그 들숨과 날숨을 흉내낸 말이 '프쉬케'입니다. '프쉬케' 소리를 내며 숨을 쉬면 살아 있는 것이고 '프쉬케' 소리가 멈추면 죽는 것이니, 프쉬케는 그야말로 생명의 원천인 목숨이지요. 그런데 사람이 죽는 순간 호흡이 끊기면서 목숨인 프쉬케가 몸에서 모두 빠져나가면 그것은 공중에서 흩어질까요? 고대 그리스인들은 그렇지 않다고 생각했습니다. 혼백으로 계속 남아 지하 세계로 내려간다고 믿었습니다. 그래서 프쉬케는 혼백, 영혼이라는 뜻이 되었지요. 그리고 나중에는 몸과 대비되는 정신을 가리키는 말로도 쓰이곤 했지요. 인간의 심리를 다루는 학문, 심리학을 영어로는 '사이콜로지Psychology'라고 합니다. 이 단어를 잘 보면 앞에 붙은 말이 'Psycho'인데 그 어원이 바로 'Psyche'입니다.

퓌라무스와 티스베의
이루지 못한 사랑

　　서양 문학 작품 가운데 가장 가슴 아픈 사랑 이
야기를 꼽는다면 무엇일까요? 아마도 많은 사람이 셰익스피어
의 『로미오와 줄리엣』을 떠올릴 것입니다. 로미오와 줄리엣은
서로 원수 지간인 가문의 아들과 딸인 이유로 마음대로 사랑할
수도 없고 결혼도 생각할 수 없는 처지였지요. 그러다가 운명
의 장난 같은 오해로 인해 두 사람이 죽게 되는 이야기인데, 그
원조가 그리스 로마 신화 속에 있다고 합니다. 바로 퓌라무스
와 티스베 이야기입니다.

　　이 이야기는 서기 8년에 로마의 시인 오비디우스가 쓴 작품

『변신 이야기』에 처음 나옵니다. 그런데 이야기의 배경은 그리스가 아니라 바빌로니아입니다. 아마도 소아시아 지역, 지금의 튀르키예에 살던 그리스인들이 동방의 문화를 접하면서 가져온 이야기라고 추정됩니다. 실제로 오비디우스의 책에는 동방의 많은 이야기가 그리스 로마 신화의 틀 안에서 다루어지고 있는데요. 그런 걸 보면 셰익스피어가 쓴 이야기의 뿌리는 그리스 로마 신화를 거슬러 올라가 동방의 땅에 있다고 할 수 있을 겁니다.

이야기의 주인공 퓌라무스는 동방의 모든 청년 가운데 가장 잘생겼고, 티스베는 동방의 모든 처녀 가운데 가장 아름다웠다고 합니다. 둘은 서로 이웃하여 살고 있었지요. 하지만 두 집안은 여러 가지 이유로 싸웠고 서로에 대한 미움이 대대로 이어져 원수처럼 지내게 되었다고 해요. 그런데 외출하는 일이 있을 때 퓌라무스와 티스베는 우연히 마주치곤 했고 그런 순간이 여러 번 반복되다 보니 서로에 대한 호감이 쌓여갔습니다. 둘은 마주치는 일을 많이 만들기 위해 노력했지요. 두 사람은 말을 건네며 대화할 수는 없었지만 눈빛을 교환하다가 점점 사랑에 빠지게 되었어요. 하지만 부모님들의 관계를 알고 있었기 때문에 말을 할 수 없어 가슴만 태우고 있었어요. 그러나 감추면 감출수록 사랑의 불길은 더 세게 불타올랐지요.

서로에 대한 간절함으로, 둘은 결국 소통하는 방법을 찾아냈어요. 두 사람의 집 사이에는 높은 담장이 있었지만 사람들 눈에 띄지 않는 좁다란 틈이 하나 있었는데 퓌라무스가 그것을 발견했던 거예요. 두근거리는 마음으로 퓌라무스가 그 틈에 눈을 붙이고 행여 티스베가 지나가길 기다렸지요.

그러던 어느 날, 마침내 티스베를 발견한 퓌라무스는 휘파람을 불었어요. 티스베가 소리가 나는 곳으로 얼굴을 돌리자 퓌라무스가 나직한 목소리로 말했어요.

"저기요, 여기예요!"

티스베는 퓌라무스가 낸 기척이라는 것을 직감했어요. 틈새에 비친 가느다란 모습만으로도 상대가 누구인지 알 수 있었어요. 그렇게 처음으로 두 사람은 이야기를 나눌 수 있었어요.

"누군지 알겠어요. 내 이름은 티스베예요."

"나는 퓌라무스예요. 만나고 싶었어요."

그렇게 시작된 두 사람의 대화는 서로의 마음을 확인하는 계기가 되었고, 둘은 틈만 나면 그 틈새로 다가가 사랑의 속삭

임을 주고받았고 사랑은 점점 깊어갔어요. 처음엔 그것만으로도 한없이 행복했지만 애정이 깊어질수록 서로에 대한 갈망이 커졌어요. 서로의 온전한 모습을 보고 싶었지요. 당장이라도 담장을 무너뜨리고 싶은 심정이었습니다.

서로를 향한 갈망이 절정에 오르자 이들은 모두가 잠든 밤에 밖에서 은밀히 만나기로 약속했어요. 눈송이처럼 하얀 열매가 주렁주렁 달린 키 큰 뽕나무 아래에서 만나기로 했지요. 그런데 좀 이상하지요? 여러분이 알고 있는 뽕나무 열매는 눈처럼 하얀색이 아니라 검붉은 색이니까요. 거기엔 사연이 좀 있습니다. 어쨌든 이들이 만나기로 한 그 시절에는 뽕나무 열매가 눈처럼 하얀색이었다고 합니다.

나무 아래로 먼저 도착한 사람은 티스베였습니다. 들키지 않기 위해 목도리로 얼굴을 가리고 몰래 나왔어요. 그런데 잠시 후 암사자 한 마리가 어슬렁거리며 다가오는 거였어요. 소떼를 습격하여 사냥에 성공한 암사자의 입에는 사냥감을 포식한 흔적이 남아 있었어요. 온통 검붉은 피로 물들어 있었던 거예요. 암사자는 뽕나무 옆에 있던 샘에서 목을 축이려 했지요. 암사자가 다가오자 깜짝 놀란 티스베는 떨리는 마음을 달래며 사자에게 들키지 않게 옆의 동굴로 조용하고도 빠르게 들어가 몸을 숨겼어요. 그런데 너무 서두르다가 그만 목도리를 흘렸지요. 목을 축인 암사자는 입에 묻은 물을 닦으려는 듯 피투성이가 된 입을 목도리에 문대더니, 뭐가 불편했는지 갑자기 이빨을 드러내 으르렁거리며 목도리를 갈기갈기 찢었습니다.

암사자가 떠나고 얼마 후에 퓌라무스가 나타났어요. 집안일을 마무리 짓고 오느라 조금 늦었던 거예요. 서둘러 뽕나무 근처로 달려오던 퓌라무스는 달빛에 비춰진 티스베의 발자국과 암사자의 발자국을 보았지요. 불안이 그의 마음을 엄습했고 초조함에 발걸음은 더욱 빨라졌어요. 뽕나무 근처에 도착하자 그 아래에 떨어져 있던 티스베의 목도리가 보였습니다. 아, 암사자가 갈기갈기 찢어놓은 피 묻은 목도리. 퓌라무스는 하늘이 무너지는 것 같았어요. 그 목도리를 보고 티스베가 죽은 걸로 생각했던 거예요.

"아, 티스베. 내가 좀 더 빨리 왔어야 했는데! 내가 미쳤지. 모든 일을 제쳐두고 왔어야 했는데! 차라리 만나지 말걸. 이렇게 갈기갈기 찢기다니……. 티스베! 내가 그대를 죽인 거예요, 모든 것이 내 잘못이에요."

퓌라무스는 목도리를 주워서 가슴과 얼굴에 대고 굵은 눈물을 뚝뚝 흘리며 흐느껴 울었어요. 목도리에 입을 맞추며 사자를 저주하고 자신을 원망했지요. 그래 봐야 무슨 소용이 있겠나 싶었는지 결국 중대한 결심을 하고 말았어요.

　"내가 사랑하는 티스베의 피를 머금은 목도리야, 이제 내 피도 마시렴. 살아생전 만나서 몸을 맞대지 못했지만 이렇게 너를 통해 우리는 서로 피라도 섞어야겠다."

　퓌라무스는 이렇게 외치고 허리춤에 차고 있던 칼집에서 칼을 뽑았어요. 마치 줄리엣이 죽은 줄 알고 독약을 마시고 죽은, 로미오가 한 것과 같은 그런 오해였지요. 티스베가 사자에게 죽임을 당했다고 생각한 퓌라무스가 칼을 뽑아 자기 옆구리를 찌르자 피가 솟구쳤고 그것이 하얀 뽕나무 열매를 검붉게 핏빛으로 물들였어요.

　한편 동굴에서 초조하게 숨어 있던 티스베는 멀리서 퓌라무스의 흐느낌을 들었어요. 그리고 불길한 생각에 정신이 번쩍 들었어요. '설마!' 티스베는 동굴을 나와 뽕나무 아래로 뛰어갔어요. 불길한 예감은 틀리지 않는다더니 퓌라무스가 쓰러져 있었어요. 그것을 보고 티스베는 오열했지요.

"퓌라무스, 일어나 봐요. 내 말에 대답해 봐요. 죽은 건가요? 이렇게 죽다니! 그대가 나 때문에 죽었군요. 나에 대한 사랑과 용기 때문에! 잘못된 자책 때문에! 신들이 우리를 이렇게 엇갈리게 하다니, 도대체 어떤 불행의 신이 나에게서 당신을 이렇게 빼앗아간 건가요? 아니, 당신을 이렇게 외롭게 놔둘 순 없어요. 나에게도 당신이 가진 것만큼의 사랑과 용기가 있으니까요. 나는 이제 당신의 영원한 동반자가 될 거예요. 부모님들이 우리를 한 무덤에 나란히 눕혀주었으면 좋겠네요. 뽕나무가 우리의 죽음을 영원히 기억하고 사람들에게 이야기해주면 좋겠네요!"

이렇게 외치며 티스베는 퓌라무스의 피로 아직 따뜻한 칼 위에 자신의 몸을 던졌습니다. 티스베의 피도 나무 쪽으로 튀어서 뽕나무 열매는 더욱더 검붉어졌지요. 그녀의 소원대로 그때부터 두 사람의 가슴 아픈 사연을 기념하기 위해 뽕나무 열매가 검붉은 핏빛이 되었다고 합니다. 두 사람의 사랑을 가슴 아프게 바라보던 아프로디테가 그랬을까요? 그리고 시신을 발견한 양쪽 부모들은 자신들의 불화를 뉘우치고 화해하면서, 퓌라무스와 티스베 두 사람을 화장하고 뼈를 수습하여 하나의 유골 항아리에 담아 묻어주었다고 합니다. 살아서는 만나지도 못했던 두 사람이 죽어서는 온전히 하나가 되었지만 그래도 살아 있을 때 아름다운 사랑을 나누었다면 얼마나 좋았을까요.

우리를 성장시키는 에너지, 온전하고 건강한 사랑

지금까지 그리스 로마 신화가 전해주는 신비로운 사랑 이야기를 보니 어떤 생각이 드시나요? 그리스어로 사랑을 '에로스'라고 해요. 특히 남녀 사이의 뜨거운 감정을 가리키는 말이지요. 그런 에로스는 결핍에서 시작됩니다. 우리가 무엇인가를 사랑한다는 것은 그것이 내게 결핍되어 있음을 의미해요. 우리는 사랑하는 사람을 보고 싶고, 만나고 싶고, 만지고 싶어하지요. 지금 내 앞에 있지 않기 때문에 결핍을 느끼는 것입니다. 그 증거가 있어요. 우리는 사랑하지 않는 사람, 미워하는 사람은 보고 싶어하지 않잖아요.

그런데 사랑은 결핍에서 그치지 않아요. 결핍을 견디지 못하는 고통까지 포함합니다. 고통을 벗어나기 위해, 결핍을 채우기 위해 대상을 향해 열정을 가지게 됩니다. 그래서 에로스는 사랑이라는 뜻도 있지만 대상에 대한 '갈망', '욕망', '애욕'이라는 뜻으로도 쓰여요. 내가 누군가를, 무엇인가를 사랑한다는 것은 그것이 결핍되어 있음을 뜻하며, 결핍으로 인해 고통을 느끼고, 그 고통에서 벗어나려고 열렬히 노력하는 행동으로 나타나지요. 사랑한다고 해놓고 상대에 대한 어떤 노력도 하지 않는다면 그것은 진정한 사랑이 아니라 말뿐인 사랑일 겁니다.

그리고 마침내 그 상대를 만나고 대상을 얻으면 결핍의 고통은 사라지고 채워짐의 희열과 환희, 기쁨으로 충만해집니다. 만약 누군가를 사랑했는데 막상 상대를 만나고 관계가 이루어지고 보니 기쁨은 없고 오히려 불쾌하고 고통스럽다면 그것은 온전한 사랑이라고 할 수 없을 겁니다. 사랑한다고 생각했지만 오해였던 것이지요. 따라서 결핍과 고통에서 시작해 상대를 얻으려는 노력으로, 그리고 만족의 기쁨으로 열매를 맺는 과정이 사랑입니다.

끝으로 사랑의 마지막 단계가 있다면 무엇일까요? 사랑이 이루어졌을 때, 그 사랑의 기쁨이 넘쳐나 다른 사람들에게 선한 영향을 끼칠 수 있다면 그것이 사랑의 완성이 아닐까요? 사랑은 서로의 눈을 바라보며 만족하는 데서 그치지 않고 두 사람이 같은 곳을 향해 눈을 돌리는 것이라는 말이 있습니다. 두 사람의 사랑이 다른 사람들을 기쁘게 하고 구원하는 힘이 된다면 세상은 한층 더 아름다운 곳이 될 것입니다.

수많은 브랜드의 로고
그리고 그리스 로마 신화

사람들은 '브랜드Brand'라는 말을 많이 사용합니다. 어떤 한 제품을 다른 제품과 구별 짓는 독특한 상표나 로고, 디자인을 가리키지요. 이 단어는 고대 이집트에서 처음 생겨났다는데 가축에 낙인을 남겨 주인이라고 표시한 것이 시초라고 합니다. 이런 식이었대요. 예를 들어 양이나 소를 키우는데 옆집 사람이 한두 마리를 훔쳐간 것 같은 상황입니다. 그래서 따졌더니 "당신 것이라는 증거 있어?" 하고 대드는 거예요. 안 되겠다 싶어 자기만의 어떤 표시를 가축에게 남겨

놓기로 합니다. 가장 확실한 방법은 엉덩이 같은 곳에다 낙인을 찍는 거예요. 영어 단어 브랜드가 원래는 '횃불'을 뜻하는 단어였대요. 불로 지져서 가축의 소유권을 표시하는 관행에서 브랜드가 상표라는 뜻으로 발전하게 된 것이지요.

영국에 본사를 둔 브랜드 파이낸스Brnad Finance는 매년 전 세계 기업의 브랜드 가치를 평가하여 순위를 발표하는데 2024년의 1위는 애플Apple이 차지했습니다. 브랜드 파이낸스는 애플의 브랜드 가치를 5166억 달러로 매겼습니다. 우리나라 돈으로 환산하면 대략 714조 9744억 원 정도라고 하네요. 엄청나지요? 애플은 작년까지만 해도 2위였는데 마침내 1위로 올라선 거래요. 2023년에 1위였던 브랜드는 아마존Amazone이었어요. 아마존은 그리스 로마 신화에 나오는 여전사 부족의 이름이에요. 그리스 로마 신화 속 인물이 세계적 브랜드의 주인공이라니 새삼 놀랍지요? 첫 번째 아마존 여전사의 이름은 오르테라, 그녀의 아버지는 전쟁의 신 아레스입니다. 전쟁의 신의 딸이니 얼마나 뛰어난 전사였겠어요.

15위를 차지한 브랜드도 그리스 로마 신화 속 주인공과 관련이 있어요. 바로 스타벅스Starbucks인데 이 이름은 허먼 멜빌Herman Melville(1819~1891)의 장편 소설 『모비딕』에 나오는 일등 항해사의 이름 '스타벅'에서 가져온 것이라고 하네요. 작중에서 스타벅이 워낙 커피를 좋아해서 그랬는지 커피 전문점의 이름으로 채택되었답니다. 스타벅스의 로고에 그려진 여인은 그리스 로마 신화에 나오는 세이렌이에요. 다만 스타벅스 로고 속 세이렌은 물고기 꼬리를 가진 인어의 모습을 하고 있는데 원래 그리스 로마 신화에서 세이렌은 인어人魚가 아니라 인조人鳥의 모습을 하고 있지요. 얼굴은 아름다운 여인이지만 몸은 새거든요.

세이렌은 바다 위를 날아다니다가 배를 보면 다가가 아름다운 목소리로 노래를 불렀대요. 오랜 항해에 지친 뱃사람들은 세이렌의 노래를 들으며 평안함과 아늑함을 느꼈지요. 그런데 세이렌이 배에서 조금씩 멀어지면 뱃사람들은 세이렌의 노래를 더 듣고 싶어 미쳐갔고 마침내 세이렌에게 다가가려고 바다로 빠져들었다고 합니다. 그렇게 바다에 빠져 죽은 뱃사람들을 세이렌이 거두어들여 잡아먹었다고 하네요. 스타벅스는 왜 이런 끔찍한 신화의 주인공을 로고로 삼았을까요? 아마도 자신들의 커피가 세이렌의 노래처럼 매력적이라고 이야기하려는 것이 아닐까 싶습니다. 세이렌의 노래를 한 번 들으면 계속 듣고 싶어 견딜 수 없는 것처럼 스타벅스 커피도 한 번 맛보면 또 맛보지 않고는 견딜 수 없다는 자신감의 표현이겠지요? 어쩌면 스타벅스 커피에 중독되다시피 마시는 사람들은 커피만 마시는 것이 아니라 브랜드 로고에 깃든 이야기를 마시는 것인지도 모르겠습니다.

우리나라에서도 그리스 로마 신화 속 인물을 브랜드로 삼는 경우가 여럿 있습니다. 그중 가장 대표적인 것은 자양 강장제 음료 '박카스'일 겁니다. 이 이름은 포도와 술, 축제의 신 디오뉘소스의 또 다른 이름인 '바쿠스Bacchus'에서 온 것입니다. 디오뉘소스의 아버지는 제우스이고 어머니는 세멜레라는 여인이었습니다. 제우스와 세멜레의 관계를 안 헤라는 유모의 모습으로 변신하여 세멜레를 찾아갔지요. 그리고 세멜레의 마음에 의혹과 불안감을 심어주었지요. 사기꾼이 제우스를 사칭하고 세멜레를 속이는 것일지도 모른다고 말했던 거예요. 세멜레는 제우스에게 본래 모습으로 한 번만 나타나달라고 애원했지요. 그 결과는 어땠을까요?

제우스가 본래의 모습을 드러내는 순간, 세멜레는 제우스와 그가 가지고 다니는 번개가 내뿜는 광채와 열기를 견디지 못하고 불타 죽고 말았지요. 제우스는 사랑하는 세멜레가 의심과 호기심 때문에 목숨을 잃은 것이 너무나도 슬펐습니다. 그런데 불길에 사라져가는 세멜레의 배 속에 아이가 있는 것을 발견했어요. 제우스는 아이가 불에 타기 전에 얼른 꺼내 자신의 허벅지에 넣었대요. 그렇게 제우스의 허벅지에서 자라나 세상 바깥으로 나온 신이 바로 디오뉘소스였습니다. 그렇게 죽을 뻔한 고비를 넘기고 다시 태어난 디오뉘소스는 부활의 신으로 숭배를 받았지요.

우리나라의 박카스 음료수에는 이런 사연이 담겨 있어요. 마치 디오뉘소스가 죽음을 이겨내고 부활하듯 태어난 것처럼, 여러 가지 일로 피곤하고 지쳐서 힘들어 죽겠는 사람들에게 박카스는 새로운 활력을 불어넣는 힘이 있다는 이야기가 되겠지요? 박카스를 한 병 마시는 사람 역시 그냥 자양 강장제 음료를 마시는 것이 아니라 그 이름에 깃든 사연과 이야기를 마시는 셈입니다. 이를 알고 있는 사람은 죽음을 이겨내고 위대한 신이 된 디오뉘소스를 떠올릴 테니까요.

　여성들을 위한 속옷과 화장품 중에도 그리스 로마 신화 신들의 이름을 사용한 브랜드가 있지요. 먼저 국내 최초의 여성 속옷 브랜드 비너스VENUS예요. 브랜드가 처음 탄생한 것은 1954년, 지금으로부터 약 70년 전이지요. "나만이 알고 있는 사랑의 비너스, 아름다운 비너스"라는 광고 음악으로도 유명했답니다. 비너스는 로마 신화에서 부르는 이름이고 그리스 신화에서는 아프로디테라고 부릅니다. 트로이아의 최고 전사인 아킬레우스의 부모였던 테티스와 펠레우스의 결혼식이 거행되었을 때 초대받지 못해 화가 난 불화의 여신 에리스가 결혼식장에 황금 사과를 던졌지요. 황금 사과에는 '가장 아름다운 여성에게'라는 말이 써 있었지요. 헤라와 아테나 그리고 아프로디테가 황금 사과를 두고 경쟁했지만 최종 승자는 아프로디테, 바로 비너스였습니다. 속옷의 브랜드명이 비너스이니 그 속옷을 입는 사람들은 그 이야기를 함께 누리면서 최고의 미녀가 되는 기분을 느끼겠지요?

화장품 브랜드 중에는 헤라HERA가 있어요. 헤라는 제우스의 부인으로 신들의 여왕이라고 할 수 있지요. 결혼의 신이면서 동시에 권력의 신입니다. 비록 아프로디테와 아테나와함께 황금 사과를 두고 경쟁하다가 졌다고는 하지만 그것은절대적인 평가라고 할 수는 없을 겁니다. 아프로디테가 성적인 매력의 아름다움을 대표하고, 아테나가 순결함과 걸크러시의 아름다움을 발산한다면, 헤라는 당당함과 도도함 그리고 그 누구도 넘어설 수 없는 우아함이 넘쳐나지요. 어떤아름다움에 더 가치를 둘 것인가는 순전히 개인의 취향입니다. 어쨌든 헤라라는 이름이 달린 화장품을 사용하는 순간천하를 지배하는 여신과 같은 느낌을 갖게 되겠지요?

지금까지 이야기한 브랜드 외에도 여러 브랜드가 그리스로마 신화 속 주인공과 이야기를 가져와 사용하고 있습니다. 어떤 것들이 있는지 주의 깊게 살펴보세요. 브랜드는 상품에 의미와 가치, 메시지를 입히는 신비로운 힘을 가지고있습니다. 그래서 사람들은 브랜드 가치 또는 브랜드 파워라는 말을 하지요. 그런데 이런 브랜드의 가치와 힘은 특정 상품이나 서비스에만 국한되지 않습니다. "여러분은 어떤 브랜드 가치를 가지고 있나요?"라는 질문도 가능하기 때문입니다. "이 일은 그 사람이 가장 잘 해!", "그 사람의 스타일은 정말 멋져!" 등의 말은 잘 생각해 보면 한 사람 개인의 브랜드를 두고 하는 말이라고 할 수 있거든요. 여러분 개인의 브랜드는 무엇이라고 생각하나요? 이 기회에 한번 곰곰이 떠올려보면 좋겠습니다.

무시무시한 분노로 가득 찬 신의 저주 그리고 재앙

칼리스토와 아르카스,
하늘의 별자리가 되다

세계천문학회에서 공식적으로 이름을 붙인 별
자리 수는 모두 여든여덟 개라고 합니다. 그중에서 가장 유명
한 것을 꼽으라고 하면 북두칠성이 포함된 큰곰자리와 북극성
이 반짝이는 작은곰자리일 것 같아요. 이 두 별자리에는 그리
스 로마 신화 가운데 가장 가슴 아픈 사연 중의 하나가 담겨 있
어요. 별자리에 신화가 깃들어 있다니 신기하지요? 요즘 도시
에서는 가로등과 휘황찬란한 네온사인 간판 때문에 밤하늘의
별자리를 잘 볼 수 없지만 옛날에 밤하늘은 그야말로 별로 가
득했어요. 지금도 높은 산의 어두운 숲에서 하늘을 올려다보면

쏟아져 내릴 듯한 별을 볼 수 있지요. 이런 풍경이 펼쳐지면 아이고 어른이고 할 것 없이 모두가 밤하늘의 별을 넋을 잃고 바라볼 거예요. '별멍'이라고나 할까요? 수많은 점으로 밤하늘에 뿌려진 별들을 상상력의 연필로 선을 그어서 이어가며 사자, 말, 독수리, 양 그리고 활을 쏘는 사냥꾼, 헤라클레스와 페르세우스, 오리온과 같은 영웅들을 떠올려 보고, 거기에 흥미로운 이야기를 덧붙이면서 부모와 자식, 할머니 할아버지와 손녀 손자들의 대화가 이루어졌을 거예요. 지금처럼 텔레비전이나 휴대폰, 심지어 등불과 책도 없던 시절에는 별자리가 흥미진진한 그림책 구실을 했겠지요? 자, 그러면 본격적으로 큰곰자리와 작은곰자리 이야기를 시작해볼게요.

어느 날 제우스가 땅에 무슨 일은 없나 살펴보다가 한 처녀를 보고 뼛속까지 활활 태울 만큼 거대한 사랑의 화염에 휩싸였습니다. 에로스의 황금 화살을 맞은 거겠지요? 제우스를 매혹한 여성의 이름은 칼리스토, 아르카디아 지방을 다스리던 뤼카온의 딸이었어요. '가장 아름다운 여성'이라는 뜻의 이름인데 그 이름만큼 아름다웠지요. 하지만 그녀의 아름다움은 다소 곳하고 정숙한, 전통적 의미의 여성적인 아름다움은 아니었어요. 뭐랄까, 야성미 넘치는 '걸크러시' 느낌의 아름다움이었지요. 그녀는 공주이면서도 왕실에 머무는 시간보다 숲과 들판에서 사냥을 하는 시간이 더 많았어요. 달의 여신이며 숲을 수호하고 사냥을 즐기는 아르테미스 여신의 추종자였거든요. 그녀는 달릴 때 방해되지 않도록 머리카락을 하얀 머리끈로 꽉 묶어 나풀거리지 않게 하고, 양손에는 창과 활을 들고 화살통을 어깨에 멘 채로 숲을 누비며 사냥을 즐기곤 했는데 그런 칼리스토의 모습에 제우스가 반한 것이었어요.

몸과 맘이 잔뜩 달아오른 제우스는 칼리스토에게 접근할 궁리를 했지요. 칼리스토가 함께 사냥하던 무리에서 떨어져 혼자가 될 때를 기다렸어요. 마침내 칼리스토가 친구들과 헤어져 사냥으로 지친 몸을 부드러운 풀밭 위에 눕힌 뒤 쉬려고 깊은 숲속 한적한 곳으로 들어갔어요. 제우스는 이때다 싶었죠. 하지만 함부로 접근할 수는 없었습니다. 칼리스토가 날쌘 발걸음으로 달려서 아르테미스의 무리와 합류하면 모든 계획이 수포로 돌아갈 테니까요. 어떤 모습으로 변신해서 접근해야 칼리스토가 도망가지 않고 자연스럽게 자신을 받아들일까 고심했지요. 마침내 칼리스토가 존경하며 따르는 아르테미스의 모습으로 변신하고 다가가기로 했습니다. 기막힌 작전이지요?

　그런데 아르테미스는 제우스의 딸이잖아요. 욕망을 채우기 위해 딸로 변신해서 칼리스토에게 접근하다니 기발하긴 하지만 기괴하기도 하고 제우스는 체통도 없나 싶습니다. 이런 사실이 알려진다면 신들의 조롱거리가 될 텐데, 게다가 아내 헤라가 이 모습을 본다면 '가만 안 두겠어!' 하고 난리를 칠 텐데 무섭지도 않나 봅니다. 하지만 제우스는 이렇게 깊은 숲이면 누구도 눈치채지 못할 것이며 헤라도 전혀 모를 거라고 생각했지요. 설령 헤라에게 들켜서 혼난다 해도 이렇게 아름다운 칼리스토와 사랑을 나눈다면 괜찮다고 생각했던 것 같습니다. 제우스가 감쪽같이 아르테미스의 모습으로 변신하고서 칼리스토에게 다가섰습니다. 인기척을 느낀 칼리스토는 벌떡 일어났는데 영락없는 아르테미스 여신이 눈앞에 서 있었지요.

　"아르테미스 님, 이렇게 직접 절 찾아오시다니 영광입니다. 제게 당신은 제우스보다도 더 위대하세요. 전 정말 아르테미스 님을 존경하고 사랑해요!"

　진짜 아르테미스라면 이 말에 감동했겠지만 겉만 아르테미스인 제우스에겐 '뼈를 때리는' 말이겠지요. 민망하긴 했겠지만 어쨌든 제우스의 작전은 성공했습니다. 칼리스토는 너무도 반갑게 가짜 아르테미스를 아무 의심도 없이 환영했고, 제우스가 양손을 벌려 껴안을 때도 전혀 거부하지 않았으니까요. 입을 맞추는 것도 받아들였지요.

그런데 칼리스토도 이상한 느낌을 받았어요. 분명 겉모습은 아르테미스인데, 행동이나 스킨십은 아르테미스가 할 법한 것이 아니라 마치 연인에게 깊은 애정을 표현하는 정도로 선을 넘는 것이었어요. 깜짝 놀란 칼리스토는 몸부림치며 저항했지만 너무나 가까이 다가온 가짜 아르테미스를, 제우스의 힘을 이길 수는 없었지요. 욕망을 채운 제우스는 칼리스토를 속인 껍질을 벗어던지고 하늘로, 올림포스 궁전으로 황급히 올라갔어요.

칼리스토는 어이없이 당한 폭행에 가슴을 치고 통곡하다가 지쳐 쓰러졌어요. 그 결과는 무시무시했습니다. 제우스의 아이를 임신한 거예요. 점점 배가 불러오자 이를 수상하게 여긴 아르테미스 여신과 그 무리들은 칼리스토의 옷을 벗겨내 순결을 잃은 사실을 확인한 후 그를 격렬하게 비난하며 쫓아냈지요. 칼리스토는 억울한 처지를 해명도 하지 못한 채 버려지고 말

앗어요. 아르테미스 무리들이 일으킨 소란은 헤라를 자극했고, 모든 사실을 알게 된 헤라는 칼리스토가 제우스의 아들을 낳자 분노가 폭발했지요. 그리고는 당장에 땅으로 내려가 아이를 낳고 기진해 있던 칼리스토의 머리채를 잡고 땅바닥으로 패대기를 쳤던 거예요.

칼리스토는 억울함을 호소하기 위해 일어섰지만 갑자기 온몸에서 굵은 털이 솟아나고, 입이 뾰족하게 앞으로 튀어나오고, 손톱과 발톱이 단단하고 날카롭게 길어졌어요. 순식간에 암곰으로 변신한 거예요. 칼리스토는 이리저리 몸부림치다가 아들을 놓고 숲속으로 달아났어요. 하지만 제우스는 칼리스토에게 아무것도 해주지 못했지요. 억울하게 당한 칼리스토의 마음에는 제우스에 대한 원망이 폭발했지만 아무것도 할 수 없었습니다.

제우스가 칼리스토를 위해서는 아무것도 하지 않았지만 아들을 구하는 데에는 손을 썼던 것일까요? 제우스의 위기를 관리해주는 전령의 신 헤르메스가 몰래 출동했어요. 그는 위기에 빠진 갓난아이를 자기 어머니 마이아에게 데려갔어요. 마이아는 어린아이를 돌보아주는 양육의 신, 유모의 여신이거든요. 그녀는 칼리스토의 아들에게 아르카스라는 이름을 붙여주었습니다. 시간이 흘러 장성한 아르카스는 어머니의 집, 아르카디아의 왕궁으로 들어가게 되었고 외할아버지 뤼카온의 뒤를 이어 아르카디아의 왕이 되었대요. 사실 아르카디아라는 말도 '아르카스의 나라'라는 뜻이니 아르카스가 훌륭한 왕으로 나라를 잘 다스렸던 모양이에요. 또한 그는 뛰어난 사냥꾼이었어요. 그것은 아르테미스 여신과 함께 사냥을 즐기던 어머니의 피를 이어받은 것이겠지요?

그런데 어느 날, 아르카스는 사냥을 하다가 숲에서 길을 잃고 말았습니다. 깊은 숲속에서 헤매다가 거대한 덩치의 무시무시한 암곰을 만났답니다. 그러나 아르카스는 겁먹지 않고 창을 움켜쥐고 암곰에게 겨누었어요. 암곰은 바로 아르카스를 낳았던 칼리스토였어요. 둘이 마주치는 순간, 칼리스토는 본능적으로 아르카스가 자신의 아들이라는 사실을 알아차렸어요. 반가운 마음으로 아들을 안으려고 달려갔지요. 그러나 그것은 엄청난 비극의 전조였어요. 칼리스토는 자신이 암곰의 모습으로 변신했다는 것을 잊고서 두 팔을 벌려 아들의 이름을 크게 부르며 다가섰는데, 아르카스의 눈엔 영락없이 울부짖으며 공격하

는 곰의 모습만이 보일 뿐이었지요.

위협을 느낀 아르카스는 온 힘을 손에 모아 창을 던지려고 했어요. 아들이 어머니를 어머니인 줄 모르고 죽이게 되는 비극적 찰나였어요. 바로 그 순간, 우연히 이 광경을 목격한 제우스가 깜짝 놀라 아르카스를 작은 곰으로 만들었어요. 손이 곰의 손으로 변한 아르카스는 창을 놓쳤고 어머니를 살해하는 비극을 면할 수 있었지요. 제우스는 칼리스토와 아르카스, 곰이 된 모자를 회오리바람으로 들어 올려 하늘에서 빛나는 별자리로 만들었어요. 그것이 바로 큰곰자리와 작은곰자리입니다.

비극을 모면하고 찬란한 별자리로 영원히 빛나게 된 칼리스토와 아르카스를 보고 화가 난 헤라는 이들이 계절이 변해도 밤하늘을 떠나지 못하게 만들었어요. 다른 별자리들은 계절에 따라 오케아노스(대양강, 신의 이름이기도 해요)의 물속으로 들어가 몸도 닦고 휴식도 취하는데 큰곰자리와 작은곰자리는 그런 호사를 누리지 못하도록 저주를 걸었던 거예요. 그래서 이 두 별자리는 일 년 내내 밤하늘에서 빛나며 뱃사람들의 길잡이가 되어주고 있답니다.

어째서 신은
때때로 비도덕적이고 악할까

칼리스토와 아르카스는 사시사철 밤하늘에서 빛나는 찬란한 별이 되었습니다. 하지만 찬란함에도 불구하고 그들의 사연은 가슴 아픕니다. 칼리스토는 아무런 잘못도 없이 제우스의 욕망의 대상이 되었고 그로 인해 헤라에게는 미움의 대상이 되었지요. 그리고 곰이 되어 고통스러운 나날을 보내야만 했습니다. 어떤 이는 잘못을 저질러 벌을 받아도 동정의 대상이 되곤 하는데, 칼리스토는 아무 잘못도 없이 벌을 받는 꼴이 되었으니 얼마나 억울할까요?

많은 사람들이 그리스 로마 신화에 나오는 신들은 너무 못돼 먹었다고 불만을 토로하곤 합니다. 신이란 존재는 전지전능할뿐만 아니라 도덕적으로 완벽하고 정의와 선을 지켜야 한다고 생각하기 때문이지요. 사실 세상에 부정부패가 만연하고 악한 사람들이 잘 먹고 잘 사는 걸 보면 '세상에 신은 없어. 신이 있다면 어떻게 이런 일이 생기겠어?'라고 불평하곤 하잖아요.

그렇다면 그리스 로마인들은 신들이 이 이야기에 나오는 제우스나 헤라처럼 우리 인간과 별로 다르지 않은 모습을 가진 것이라고 상상했던 게 아닐까요? 그들이 선과 정의를 구현하는 윤리적으로 완벽한 존재가 아니라, 제 욕망과 격정에 따라 제멋대로 행동하기 때문에 인간이 사는 이 세상도 부조리하고 불합리하게 돌아가는 거라고 생각했던 겁니다. 우리가 사는 이 세상을 설명하기에는 선하고 완벽한 신보다는 제우스나 헤라 같은 결함이 있는 신이 더 어울릴 것 같았기 때문이 아닐까요.

여신의 저주를 받고
사슴이 된 악타이온

　　'역린을 건드린다'라는 말이 있습니다. 용의 턱 아래에는 거꾸로 난 비늘이 하나 있는데 그것을 건드리면 용이 크게 노하여 건드린 자를 죽인다는 말인데요. 그리스 로마 신화에도 수많은 역린의 이야기가 있습니다. 그중에서 참 억울한 이야기가 하나 있지요. 주인공은 악타이온입니다. 그는 그리스 아테네 북쪽에 있는 테베의 왕족이었어요. 테베를 건국한 카드모스의 손자이며 포도주의 신 뒤오니소스의 사촌 형이었습니다. 그는 사냥을 아주 좋아했어요. 왕족답게 약 오십여 마리의 사냥개를 거느리고 친구들과 함께 숲을 누비면서 사냥을 했지요. 어느 날 그는 대규모 사냥을 성공적으로 끝내고, 친구들과 시종들을 모두 보내고서 혼자 남아 몸을 씻을 만한 곳을 찾아 숲을 헤맸습니다.

그러다가 동굴을 하나 발견했지요. 그곳에서 맑은 물이 흘러나오는 것을 보고 악타이온은 동굴 안으로 무엇인가에 홀린 듯 빨려 들어갔습니다. 그러나 그곳은 들어가면 안 되는 곳이었지요. 아르테미스 신의 성지였거든요. 아르테미스는 순결을 맹세한 처녀들과 함께 들판을 달리고 숲을 누비면서 사냥을 즐기곤 했는데 그 후에는 이 동굴로 들어와서 목욕을 했습니다. 그런 곳에 감히 인간은 발을 들여놓을 수 없었지요. 하지만 출입 금지 표지판이 있었던 것도 아니고 악타이온은 아무것도 모른 채 그곳으로 들어갔답니다. 들키기라도 한다면 큰일 날 일인데 그것을 악타이온이 하게 된 겁니다. 마치 목욕탕의 여탕 안으로 남자가 들어간 꼴이었지요. 게다가 평범한 여성들인가요? 순결을 가장 소중한 가치로 생각하는 아르테미스와 그 팬들이었답니다.

동굴 깊숙이 악타이온이 들어왔을 때 마침 그곳에는 사냥을 마친 아르테미스 여신과 따르는 요정들이 함께 있었어요. 그들도 조금 전에 사냥을 마친 후였지요. 모두 땀에 젖은 몸을 씻기 위해 동굴 안으로 모인 거예요. 먼저 아르테미스가 자신의 창과 활, 화살통을 풀어서 곁에서 시중을 드는 요정에게 맡겼습니다. 또 겉옷을 벗어 두 명의 요정에게 건네주었지요. 다른 두 명의 요정은 다소곳이 무릎을 꿇고 아르테미스의 대리석 같이 매끈하고 윤기 나는 발에서 샌들을 벗겼어요. 그리고 또 다른 요정은 여신의 뒤에 서서 흘러내린 머리를 묶어 능숙하게 매듭을 지어주었지요. 다섯 명의 다른 요정들은 널찍한 항아리에 물을 길어 와서 여신의 몸에 조심스럽게 부어주었지요. 여신의 몸을 타고 물이 흘러내릴 때 눈부신 광채가 났습니다. 아르테미스가 서서히 물속으로 들어가자 다른 요정들도 모두 옷을 벗고 아르테미스를 따라 물속으로 들어가 함께 목욕을 시작했지요.

그 광경을 본 악타이온은 얼어붙은 듯이 그 자리에 서서 여신과 요정들의 아름다운 모습을 넋을 잃고 계속 바라보았습니다. 그러나 곧 요정들 중 하나가 악타이온의 존재를 알아차리고 크게 비명을 질렀어요. 다른 요정들도 악타이온을 보고는 깜짝 놀라서 아르테미스 여신의 몸을 가리기 위해 황급히 그녀를 둘러섰지요. 하지만 이미 다 봐버린 상황이었습니다. 분노가 폭발한 아르테미스는 활과 화살을 찾았지만 너무 멀리 있었어요. 대신 크게 소리쳤지요.

"네가 감히 나, 아르테미스의 몸을 보다니! 괘씸한 놈! 너는 결코 이 사실을 자랑삼아 떠벌릴 수 없을 것이다! 네가 입을 열어 말하는 순간 넌 돌이킬 수 없는 불행에 휩싸일 것이다!"

아르테미스는 그렇게 소리치며 물을 떠서 악타이온에게 확 끼얹었어요. 일명 '물 싸대기'를 맞은 악타이온이 정신이 번쩍 들었겠지요. 악타이온은 여신의 경고를 마음에 두지 않은 채 자신의 처지를 변명하고 싶었어요. 입을 열고 말았지요! 입을 열지 말라고 경고했는데, 그것은 여신에게 두 번째 잘못을 저지른 셈이 되었던 거예요.

'아르테미스 여신 님, 용서해주세요. 제가 일부러 그런 것이 아닙니다. 저는 아무것도 모르고 여기에 들어온 거예요!' 이렇게 말하며 용서를 빌고 싶었지만 말이 나오지 않았습니다. 사슴의 울부짖는 소리만 날 뿐이었지요. 악타이온이 아르테미스가 뿌린 저주의 물을 맞고 사슴으로 변한 것이었지요. 머리에 뿔이 솟고, 목이 길게 늘어났으며, 손과 발에 굽이 생겼어요. 갑작스러운 변신에 깜짝 놀란 악타이온은 네 다리로 뛰며 동굴을 빠져나갔지요. 아르테미스와 요정들이 옷을 챙겨 입고 활과 화살을 들려고 했으니까요.

악타이온이 도대체 무슨 잘못을 한 것일까요? 어처구니없이 사슴이 되다니 정말 불쌍합니다. 악타이온도 너무나 황당했지요. 왕궁으로 돌아갈 수 있을까요? 아무도 자신을 알아보지 못할 것 같았지만 행여 알아봐도 얼마나 창피할까요? 하지만 숲에 남아 있는 것도 너무나 무서웠어요. 늑대나 사자, 곰 같은 맹수들을 만나면 어떻게 될까요? 그런 한편 자기 같은 사냥꾼들은 마주치면 화살을 쏴댈 테니 생각만 해도 끔찍했습니다. 그러나 그 무엇보다도 분노에 사로잡힌 아르테미스는 기어이 사슴으로 변신한 악타이온을 찾아내 죽일지도 몰라요. 이렇게 평생 사슴으로 산다고 생각하니 너무나도 고통스러웠습니다.

하지만 차라리 평생을 사슴으로 살았다면 그나마 다행이었을 거예요. 동굴 밖으로 뛰어나온 악타이온을 기다린 것은 그가 평소에 사냥할 때 데리고 다니던 수십 마리의 사냥개들이었지요. 악타이온은 반갑게 개들의 이름을 부르며 달려갔지만 그는 더 이상 주인의 모습을 한 인간이 아니었어요. 사냥개들이 노리는 최고의 사냥감, 사슴이었지요. 사냥개들은 그 사슴이 어떤 사슴인지도 모르고 달려들었습니다. 어쩌면 사냥개들은 사슴을 잡아 주인 악타이온을 기쁘게 해주고 싶었을지도 모르는데, 그 사슴이 바로 악타이온이라니!

사냥개들이 맹렬하게 달려드는 것을 보고 본인의 변신을 깨달은 악타이온은 아차 싶었어요. 죽을힘을 다해 도망쳤지만 날쌘 사냥개들의 추격을 벗어날 수는 없었어요. '애들아, 나야, 나! 너희들의 주인 악타이온이야!'라고 외쳤지만 아무 소용이 없었어요. 그의 목에서는 처절한 사슴의 울음소리만 나올 뿐이었고 그 절규는 사냥개들을 더욱더 흥분시켰어요. 그는 자신이 달릴 수 있는 속도에 놀라면서도, 사슴을 쫓으며 사냥하던 숲길에서 이젠 거꾸로 사냥감이 되어 사냥개에게 쫓기는 신세가 된 것이 너무 어이가 없었지요. 슬픈 생각이 점점 더 짙어지면서 체력은 서서히 고갈되었고 발은 자꾸 무거워져 갔어요. 마침내 사냥개들이 그를 덮쳤습니다. 그의 다리와 배, 등, 목을 물어뜯었지요. 악타이온은 그렇게 처참하게 찢겨져 죽어가고 있었어요. 그때 저 멀리서 친구들의 외침이 들렸어요.

"악타이온! 어디 있는 거야?"

마침내 친구들이 사냥개들에 의해 물려 찢긴 악타이온의 곁으로 다가왔어요. 그들은 사냥개들을 물리면서 사슴이 되어버린 악타이온의 시신을 수습했지요. 사슴의 시신을 둘러싸고 서서 그 정체를 꿈에도 모르는 친구들은 악타이온을 생각했지요.

"이놈들, 아주 큰 사슴을 잡았구나. 그런데 악타이온은 도대체 어디 있는 거지? 이걸 보면 참 좋아했을 텐데."

그런데 저 멀리 언덕 위에서 아르테미스 여신과 요정들은 악타이온의 최후를 내려다보고 있었어요. 그때까지도 자비를 모르는 아르테미스는 악타이온에 대한 분노가 풀리지 않아 계속 씩씩대고 있었습니다. 악타이온의 실수를 이렇게까지 잔혹하게 보복하고 앙심을 품어야 했을까요?

사실 악타이온이 아르테미스의 심기를 건드린 것은 이번이 처음이 아니었대요. 악타이온은 영웅들의 스승으로 유명한 켄타우로스인 케이론에게서 활쏘기와 말타기 등을 배우고 탁월한 사냥꾼이 되었어요. 그것이 그의 자부심이었는데 너무 지나쳤나 봐요. 큰 사냥에 성공을 거둔 어느 날, 숲속에서 사냥한 멧돼지를 잡아 큰 잔치를 벌였는데 사람들이 그의 실력을 칭찬하자 악타이온은 우쭐해졌어요.

"내 사냥 실력은 케이론에게서 배운 것이지. 사실 이 숲에선

내가 최고라고. 아르테미스 여신도 나보다는 못할걸?"

악타이온의 오만한 태도에 아르테미스가 얼마나 화가 났겠어요? 하지만 한편으로는 사냥의 신 아르테미스는 악타이온이 사냥을 사랑하는 마음과 뛰어난 솜씨를 인정하고 아껴주는 마음도 갖고 있었대요. 그래서 그의 객기를 웃어넘기려고 했는데 앙금이 조금은 남아 있었던 거예요. 그런데 감히 순결한 아르테미스 여신의 몸을 보다니 결국 폭발하고 말았던 거지요. 아마도 과거에 악타이온의 오만한 태도에 마음이 상한 것 때문에 아르테미스가 더 가혹하게 반응했던 것 같아요.

자신의 처지를
악타이온에 비유한 한 작가

악타이온 이야기를 아주 절절하게 남긴 사람은 로마의 시인 오비디우스였습니다. 그는 기원전 43년에 태어나 서기 17년에 세상을 떠났지요. 그는 로마에서 가장 인기 있던 시인 중 하나였습니다. 그가 가장 강조한 것은 사랑이었어요. '인생이 재미없고 불행한 삶을 사는 것은 그대가 사랑하지 않기 때문이라네. 사랑하는 법을 배운다면 그대의 인생이 찬란하게 빛날 것이야'라는 마음으로 수많은 사랑의 시를 지었지요. 그는 '로마는 사랑'이라고 노래하곤 했어요(로마Roma의 철자를 뒤집으면, 사랑을 뜻하는 아모르Amor가 되지요). 사람들은 그의 시에 매료되었는데 특히 귀부인들에게 인기가 높았답니다. 그런데 그는 당시 황제였던 아우구스투스에게 미움을 받아 로마에서 쫓겨나 흑해 서쪽 해안 토미스(지금의 로마니아 콘스탄차)로 추방당했지요. 그리고 끝내 로마로 돌아오지 못하고 그곳에서 세상을 떠났습니다.

왜 아우구스투스 황제에게 미움을 받았을까요? 그는 사랑을 지고의 가치로 강조하다 보니 도덕과 사회적 규범을 무시하는 경향을 보이곤 했대요. 그 점이 경건한 로마를 건설하려는 황제에게 거슬렸던 겁니다. 특히 오비디우스가 시를 발표하던 사교 모임에는 아우구스투스 황제의 딸 율리아도 속해 있었는데 오비디우스가 자유로운 연애를 추구하던 율리아를 감싸고 돌았던 거예요. 심지어 그녀가 저지른 불륜까지도 사랑의 이름으로 찬양하곤 했지요. 아우구스투스는 자기 집안의 치부를 본 오비디우스를 가만둘 수 없었겠지요. 마치 아르테미스의 알몸을 본 악타이온이 무참하게 찢겨졌던 것처럼 오비디우스는 로마에서 쫓겨나 황량한 곳에서 홀로 외롭게 인생을 마쳐야만 했습니다.

영원히 눈물을 흘리는
바위가 되는 형벌

여신 아르테미스는 정말 까칠하고 무섭습니다. 본인을 사랑하고 존경하며 따르던 칼리스토가 원칙을 지키지 않았다고 내쫓고, 의도치 않게 실수로 그녀의 알몸을 본 악타이온은 사슴이 되어 사냥개에게 물어뜯겨 죽었지요. 그러나 니오베의 불행만큼 아르테미스의 무서운 성격을 잘 보여주는 이야기는 없을 겁니다.

니오베는 지금의 튀르키예 땅에 있던 옛 뤼디아 왕국의 공주였어요. 그녀의 아버지는 탄탈로스인데 제우스의 아들이었지요. 그녀의 어머니는 디오네라는 바다의 요정이었는데 티탄 신족 중 한 명인 아틀라스의 딸이었어요. 신성한 혈통을 타고 난 니오베는 자부심이 엄청 강했지요. 그녀는 고향을 떠나 에게해를 건너 그리스에 도착하여 테베의 왕 암피온과 결혼했어요. 암피온은 제우스의 아들이었지요. 그가 리라를 연주하면 큰 돌덩어리들이 춤을 추면서 일어났대요. 암피온은 그 신비한 능력으로 테베의 성벽을 쉽게 쌓아올렸다고 합니다.

니오베와 암피온 부부는 많은 자식을 낳았습니다. 요즘 우리나라는 '인구 절벽'이라고 난리들인데 니오베가 온다면 애국자라고 칭찬받을 것 같네요. 자식을 얼마나 낳았냐고요? 전해져 오는 이야기는 제각각입니다. 『일리아스』와 『오뒷세이아』를 쓴 그리스의 서사 시인 호메로스는 아들이 여섯 명, 딸이 여섯 명으로 전부 열두 명이라고 하고, 그리스의 삼 대 비극 시인인 아이스킬로스, 소포클레스, 에우리피데스와 로마의 시인 오비디우스는 딸과 아들 각각 일곱 명씩, 모두 열네 명이라고 전해줍니다. 또는 각각 열 명씩, 모두 스무 명이었다는 이야기도 있고요. 어쨌든 니오베에게는 자식이 많은 것이 큰 자랑거리였지요. 고대 세계는 니오베와 같은 생각이 두루두루 퍼져 있었습니다. 『구약 성서』에도 이런 노래가 나오지요.

"자식들은 신께서 보장하는 유산遺産이며 태의 열매는 신이 내리는 상급입니다. 젊은이의 자식은 장수의 손에 들린 화살 같으니, 이것이 그의 화살통에 가득한 자는 복됩니다. 그들이 성문에서 그들의 원수와 담판을 벌일 때 수치를 당하지 않을 것입니다." (시편 127편)

또 신의 사랑을 받던 아브라함(『구약 성경』 창세기에 나오는 이스라엘 민족의 시조)이 누리는 복은 그의 자손이 하늘의 별과 같이, 바닷가의 모래와 같이 많아지고 번성하는 것이라고도 하고요. 그런 점에서 보면 니오베는 정말 신의 축복을 받은 사람이겠지요. 하지만 그가 자식만 믿고 우쭐하며 오만했던 것이 큰 문제였습니다.

어느 날 니오베는 테베의 수많은 사람이 레토 여신을 위한 축제를 열고 찬사를 보내는 모습을 보자 심통이 났습니다. 그녀도 제우스의 손녀니까 혈통으로도 레토에 밀리지 않는다고 생각했지요. 미모로도 자신이 레토 여신과 비교해서 손색이 없다고 자부했어요. 그런데 왜 자신은 사람들이 레토에게 보내는 만큼의 찬사와 영광을 누리지 못하는 것이냐며 불만을 품게 된 거예요. 게다가 자신은 자식이 열 명도 넘지만 레토는 달랑 두 명, 아폴론과 아르테미스밖에 없지 않냐며 호통을 쳤지요. 그리고는 레토에게 제사를 드리기 위해 모인 사람들을 모두 쫓아냈습니다.

수많은 사람이 바치는 제물의 향기를 맡으며 내내 행복했던 레토는 불경스러운 니오베의 말과 행동에 분노했어요. 모욕감을 느낀 레토는 니오베를 가만둘 수 없었지요. 당장 아폴론과 아르테미스를 불렀습니다.

"나의 사랑하는 아이들아, 내가 한갓 인간에게 모욕을 당했구나. 저기 테베 땅의 니오베 말이다. 저것이 자식이 많다고 어깨에 힘을 잔뜩 주고, 나는 너희 둘밖에는 없다며 비아냥거리는구나. 자랑스러운 너희들을 두고 내가 이렇게 치욕을 당해야 한다니 정말 참을 수가 없구나. 그리고 이젠 누구에게도 제사와 제물을 받을 수 없게 되었구나. 니오베가 내게 예배하러 오는 사람들을 모두 쫓아냈으니 말이다."

레토의 말을 따라서 그녀의 마음속에 있는 분노와 증오, 복수의 욕망이 아폴론과 아르테미스의 귀를 파고들더니 두 신의 마음속에도 깊게 뿌리내렸습니다. 두 신은 당장 테베를 향해 달려갔지요. 먼저 테베의 키타이론산 깊은 숲속으로 갔습니다. 그곳에서 니오베와 암피온의 아들들이 사냥에 여념이 없었지요. 우레 같은 목소리로 아폴론은 분노를 폭발하며 울부짖었습니다.

"네놈들이 나의 어머니 레토 여신을 모욕한 니오베의 아들들이렸다, 내 화살을 받아라. 네 어미의 불경한 태도, 오만한 마음에 대한 정당한 대가이니라!"

그리고 은빛으로 번쩍이는 활의 시위에 날카로운 화살을 걸었어요. 아폴론의 함성에 깜짝 놀란 니오베의 아들들은 화살을 피하기 위해 이리저리 도망쳐 숨으려고 했지만 아무 소용이 없었습니다. 매처럼 날카로운 아르테미스의 시선을 피할 수 없었으니까요. 아르테미스는 그들이 어디에 숨었는지를 아폴론에게 알려주었어요.

"저기 저 바위 뒤에 한 놈!"

"저기 저 나무 뒤에 한 놈!"

"저기 숲속으로 말을 타고 도망치고 있어!"

아르테미스의 지시에 따라 아폴론의 화살은 날아갔어요. 여섯 또는 일곱 또는 열 명의 아들들의 심장을 한 치의 오차도 없이 백발백중 꿰뚫었고, 니오베의 아들들은 차례로 비명을 지르며 쓰러져 죽었습니다. 아들들과 함께 있던 암피온은 아폴론의 화살이 일으킨 참혹한 재앙에 슬픔과 분노, 고통을 이기지 못하고 칼을 뽑아 제 가슴을 찔러 스스로 목숨을 끊었지요.

테베 궁전은 순식간에 초상집이 되었습니다. 궁전 마당엔 아폴론의 화살에 목숨을 잃은 아들들의 시신이 눕혀져 있었어요. 니오베와 딸들은 애도하기 위해 검은 옷을 입고 궁전 마당에 모였지요. 아들과 남편을 잃은 니오베는 정신이 나간 것 같았어요. 자기가 무시했던 신에게 끔찍한 일을 당하고도 보복할 힘이 없다는 것이 자식을 잃은 슬픔보다 더 컸습니다. 그녀가 할 수 있는 유일한 보복은 레토를 조롱하는 것이었지요.

"그대가 내 아들을 모두 죽였군요, 레토. 하지만 그렇게 내 아들을 죽이고도, 내게는 아직 당신의 자식보다 더 많은 수의 딸이 있네요. 당신이 그렇게 발악을 해도 여전히 그대는 나보다 못한 거예요!"

차라리 여신 앞에 무릎을 꿇고 용서를 빌었다면 어땠을까요? 불행은 그녀를 더욱 무모하게 만들었지요. 레토는 화가 났고, 그녀의 딸 아르테미스는 훨씬 더 화가 났습니다. 아폴론이

니오베의 아들들에게 했듯이 이제 아르테미스가 화살통에서 화살을 꺼내 활시위에 얹으며 니오베의 딸들을 향해 비정한 화살을 날려 보냈지요. 니오베는 아연실색했어요. 아르테미스의 화살은 빗나감 없이 딸들의 심장을 관통했고, 그들 모두가 비명횡사했습니다.

오만한 마음으로 신에게 불경스러웠던 니오베는 자신의 가장 큰 자랑거리였던 열둘, 아니 그 이상의 자식들을 순식간에 잃고 말았습니다. 신에 대한 자신의 죄를 후회하면서도 분하고 억울한 마음이 솟구치는 것은 어쩔 수가 없었습니다. 자식들의 시신을 수습하고 장례식을 거행하는 내내 너무 기가 막히고 숨이 막혀 견딜 수가 없었지요.

"얘들아! 사랑하는 내 아들과 딸들아! 경솔한 어미의 혀 때문에, 오만한 마음 때문에 아무 죄도 없는 너희들이 이렇게 희생을 당하다니! 그래, 내가 잘못했소. 그러면 나만 쏘았으면 그뿐인 것을, 왜 내 자식들에게 손을 댄 겁니까!"

니오베는 더 이상 테베의 궁전에 머물 수가 없었습니다. 아들과 딸들의 유품을 볼 때마다, 그들과의 행복했던 순간을 떠오르게 하는 궁전의 구석구석을 다니게 될 때마다 솟구치는 울분을 삭일 수가 없었던 거에요. 그녀는 짐을 싸 들고 테베를 떠나 고향 뤼디아로 갔어요. 아이들의 흔적이 없는 곳에 가면 아픈 기억도 지워지며 마음의 상처가 치유될 거로 생각했던 것이지요.

하지만 마음속 깊이 새겨진 아이들의 모습은 지워지지 않았어요. 숲에 들어가면 나뭇가지에 붙은 잎들이 아이들 하나하나의 모습으로 떠오르곤 했거든요. 바람에 스치는 나뭇잎의 마찰 소리는 아폴론과 아르테미스의 화살 소리처럼 들렸고, 또 화살에 맞은 아이들이 지르는 비명 같기도 했어요. 하늘의 구름도 아이들의 얼굴처럼 보였고 해맑게 뛰놀던 모습으로 그려졌지요. 그럴 때면 행복에 젖기도 했지만 그것도 잠시, 참혹하게 세상을 떠난 아이들 생각에 그녀는 하염없이 눈물을 흘렸습니다. 눈물은 그치지 않았고 흘러내리는 눈물을 따라 식욕도 그녀의 몸에서 증발해버렸어요. 아무것도 먹지 않자 몸은 생기를 잃으면서 점점 굳어갔지요. 마침내 니오베는 모습 그대로 바위가 되었대요. 바위가 되어서도 그녀는 눈물을 그칠 수가 없었어요. 그렇게 영원히 눈물이 흐르는 바위가 되었지요.

이 세상 모든 부모님의
공통점

니오베의 슬픔은 서양인들에게는 자식을 잃은 슬픔의 상징처럼 여겨집니다. 니오베가 자식에 대한 사랑과 자부심이 너무 강해서 상대적으로 자식이 적은 레토를 모욕하였고, 그로 인해 불경죄에 대한 응징으로 그녀는 자랑스러운 자식들을 모두 잃었습니다. 어쩌면 '그렇게 잘난 척을 해대고 오만하게 굴더니 벌을 받아도 마땅하다'라고 생각할지도 모르나 모든 부모들에게는 어느 정도 니오베 같은 마음이 있습니다. 자기 자식을 사랑하고 아끼는 마음은 모든 부모가 갖고 있으니까요.

사실 레토가 니오베를 미워하는 마음속에도 자기 자식 아폴론과 아르테미스에 대한 사랑과 믿음이 있었던 것 아닐까요? 레토가 당한 모욕은 그녀 자신의 모욕이기도 하지만 자랑스럽고 사랑스러운 아폴론과 아르테미스에 대한 모욕이었던 겁니다. 애초에 니오베가 자식 자랑을 지나치게 하게 된 것도 레토가 존경을 받는 데 반해 자신은 존경을 받지 못했기 때문이고,

그 마음에는 자식에 대한 큰 자부심이 있었기 때문이라고 할 수 있지요. 그렇게 생각하면 자식 자랑을 지나치게 한 니오베나, 그 앞에서 모욕감을 느끼며 자식들에게 하소연을 한 레토나, 자식에 대한 마음은 같은 것이 아니었나 싶습니다.

브로테아스와 펠롭스,
형제에게 내려진 불행

오만한 태도로 레토 여신을 모욕하다가 많은 자식을 모두 잃고 절망과 슬픔에 빠져 영원히 눈물을 흘리는 바위가 된 니오베에게는 두 명의 형제가 있었습니다. 펠롭스와 브로테아스였지요. 두 형제도 끔찍한 불행을 겪었어요.

먼저 브로테아스를 살펴볼까요? 그는 유명한 사냥꾼이었습니다. 누이 니오베와 여신 아르테미스 사이의 악연 때문이었을까요, 브로테아스는 숲과 사냥의 여신 아르테미스에게 전혀 존경을 표하지 않았습니다. 혹은 악타이온처럼 브로테아스도 사냥 솜씨에 대한 자신감이 '뿜뿜해서' 본인이 아르테미스보다 더 뛰어나다고 생각했던 것 같아요. 이들 남매의 오만한 성격은 참 못 말리지요? 아르테미스는 화가 났고 브로테아스의 오만한 마음에 광기의 불을 지폈습니다.

'나의 아버지 탄탈로스는 제우스의 아들이고, 나의 어머니 디오네는 아틀라스의 딸이지. 그렇다면 나에게도 신성한 피가 흐르는 것이 아닐까? 어쩌면 난 신들과 같은 불사의 몸일지도 몰라. 그래, 난 불사신이야!'

아르테미스가 브로테아스의 마음에 불어넣은 광기는 활활 타올라 그의 이성을 모두 태워버렸어요. 이성을 잃고 광기에 빠진 그는 미친 짓을 감행합니다. 자신이 신이라고 믿게 된 거지요. 사람들이 그를 비웃자 그는 자신의 존재를 증명하겠다며 장작더미를 쌓고 불을 질렀습니다.

"당신들은 내 말을 믿지 않지만 곧 그 사실을 후회하게 될 것이오. 나는 불사신이오. 잘 보시오, 불은 나를 절대 태우지 못할 것이오."

그리고는 불 속으로 뛰어들었어요. 사람들은 경악했습니다. 어떻게 되었을까요? 브로테아스가 불 속으로 뛰어든 순간, 그의 광기가 불에 함께 타버렸고 광기 때문에 사라졌던 이성이 되돌아왔습니다. 하지만 회복된 이성이 할 수 있는 일은 오직 후회뿐이었습니다. 자신이 신이 아니라는 것을 깨닫자마자 그것을 증명하듯 목숨을 잃고 말았던 겁니다.

니오베와 브로테아스의 오만한 성격은 어쩌면 그의 아버지 탄탈로스로부터 물려받은 것인지도 모르겠습니다. 불경스러운 오만방자함 때문에 탄탈로스는 제우스와 신들의 미움을 사서 지하 세계로 끌려가 영원한 목마름과 배고픔에 시달리는 벌을 받게 되었거든요. 어떤 벌이냐고요? 탄탈로스는 지하 세계의 한 연못 안에 묶인 채로 서 있대요. 물이 그의 턱 밑까지 닿는데, 목이 말라 고개를 숙이면 물이 곧바로 쑤욱 내려가서 한 방울도 마실 수 없습니다. 목말라 미치고 죽을 지경이 되지요. 그리고 그의 눈앞에는 달콤한 열매들이 탐스럽게 주렁주렁 달려 있어요. 허기에 시달리는 탄탈로스가 그것들을 잡으려고 손을 내밀면 또 쑤욱 올라가서 잡을 수가 없대요. 결국 그는 아무것도 먹을 수가 없는 거지요. 정말 미치고 환장할 일 아닙니까? 차라리 물과 과일이 눈앞에 보이지 않는다면 포기라도 할 텐데, 눈앞에 생생하게 출렁이고 주렁주렁 흔들리니 정말 미칠 지경입니다. 그런데 어쩌다가 탄탈로스는 이런 가혹한 형벌을 받게 되었을까요?

한때 탄탈로스는 제우스가 아끼던 아들이었어요. 지상에서는 뤼디아의 왕이었지요. 그도 처음엔 신들에게 경건한 태도를 갖고 있었고 신들도 그를 사랑했답니다. 급기야 신들은 그를 천상의 잔치에 초대했지요. 그러자 그의 마음에 숨어 있던 오만함이 봄철 새싹이 땅을 뚫고 솟아나는 것처럼 싹을 틔우기 시작했지요. 하늘의 잔치에 다녀오는 횟수가 늘어날수록 그곳에서의 경험을 말하고 싶어 입이 점점 더 간질거렸습니다. 하늘에서 땅으로 내려올 때마다 식구들과 친구들, 신하들이 물으면 "몰라도 돼. 비밀이야, 말할 수 없어"라고 대답했는데 서서히 그 어떤 인간도 볼 수 없는 것을, 자기만 보고 듣고 경험한 것을 자랑하고 싶어졌던 겁니다. "뭐가 그렇게 궁금해? 사실은 올림포스 궁전에 다녀왔어" 하고 살짝 말하자 사람들이 깜짝 놀라며 부러워했습니다. 그 모습을 보고 탄탈로스는 신이 났지요. 우쭐해지면서 점점 더 대담해졌고 마침내 신들의 치부까지 폭로하는 천기누설을 범하고 말았어요. 게다가 조금씩 거짓말을 보태며 과장하여 사람들의 놀라움을 더 끌어내고 싶었지요. 자신만의 특권에 우쭐하면서 사람들이 보내는 부러움을 즐기기 시작했던 겁니다. 제우스의 아들로서 신들이 베푼 은혜에 감사하고, 그들의 호감과 사랑에 상응하는 행동을 했어야만 했는데 선을 넘은 것이지요.

모든 사실을 알게 된 신들은 화가 단단히 났겠지요? 특히 제우스는 탄탈로스의 경거망동을 괘씸하게 여겼습니다. 게다가 탄탈로스는 신들의 음식, 넥타르와 암브로시아를 몰래 빼돌리기까지 했습니다. 그것을 먹으면 늙지도 않고 죽지도 않으며 영생불멸을 누릴 수 있는 신비로운 힘을 갖게 되기 때문에 신들이 인간에게 엄격하게 금지한 것이었지요. 탄탈로스는 그것을 인간들에게 몰래 주려고 했습니다. 병들고 늙어가면서 고통을 겪고, 언젠가는 죽게 될 운명의 인간들을 구하고 싶었던 것일까요? 하지만 그것은 신의 뜻을 거역하는 대역죄에 해당합니다. 사실 그것만으로도 탄탈로스는 천벌을 받아 마땅한데 돌이킬 수 없는 훨씬 더 큰 죄를 범했습니다.

탄탈로스는 신들의 잔치에 참석하면서 신들의 특권을 부러워하기도 하고, 그들이 못된 짓을 저지른 이야기를 듣기도 하고 직접 보기도 하면서 실망도 했는데 문득 이런 의문이 들었습니다.

'도대체 신들은 뭐가 잘났기에 죽지도 않고 영원히 특권을 누리면서 인간 위에 군림하는 것일까? 그들은 정말 위대한 존재이며 인간보다 더 뛰어난 존재인가? 내가 보기에 그들의 성격이나 말과 행동은 인간과 다를 바가 없는 것 같은데…….'

탄탈로스는 샘솟는 의문을 풀기 위해 신들을 시험하기로 결심했습니다. 그는 자신이 그동안 저지른 잘못에 대해 천상의 신들에게 용서를 빌겠다며 그들을 자신의 궁전으로 초대했습니다. 그리고 아주 특별한 재료로 요리한 음식을 내놓았지요. 그 음식으로 신들을 시험하려고 했던 겁니다. 도대체 무슨 재료로 만든 음식일까요? 신들을 시험하는 재료는 과연 무엇이었을까요? 벌레? 혐오스러운 짐승?

그 재료는 놀랍게도 자기 아들 펠롭스였습니다. 제우스를 비롯한 다른 신들은 처음에는 기쁜 마음으로 음식에 손을 댔지만 입으로 가까이 가져간 순간, 그것이 사람 고기로 만든 음식임을 알아차렸습니다. 설마 했지만 확실했지요. 신들은 매우 언짢았습니다. 누구도 음식을 먹을 수가 없었지요. 당장에 분노를 터뜨리지는 않았지만 신들은 탄탈로스가 너무나도 괘씸했습니다. 감히 신들을 시험하려 들다니, 게다가 자기 아들을 죽여 그것을 신들에게 먹이려고 하다니! 신들은 경악했고 분노가 격하게 끓어올랐지만 먼저 아버지의 사악한 마음 때문에 죽은 펠롭스를 구해야 한다는 생각이 먼저였습니다.

그렇게 시간이 흐르고 있는 동안, 데메테르는 얼이 빠진 듯 음식을 입에 넣어 오물오물 씹더니 꿀꺽 삼켰습니다. 그때 그녀의 머릿속에는 온통 하데스에게 납치되어 사라진 사랑하는 외동딸 페르세포네 생각뿐이었습니다. 마음을 다른 곳에 빼앗겼기 때문에 아무 생각 없이 펠롭스의 일부를 먹어버린 겁니다. 신들은 데메테르를 말리려고 했지만 이미 음식을 삼킨 뒤였습니다.

신들이 요리 속에 조각난 펠롭스의 육신을 수습해서 원래의 모습으로 되돌려 놓았지만 데메테르가 삼킨 곳은 비어 있었습니다. 오른쪽 어깨 부분이었어요. 펠롭스가 불완전한 상태로 복원되자 미안한 마음이 든 데메테르는 그 빈 곳에 새하얀 상아 조각을 대신 끼워 넣었지요. 그때부터 펠롭스의 자손은 오른쪽 어깨에 별 모양의 하얀 점을 갖게 되었다고 합니다. 그렇게 어렵사리 복원된 펠롭스의 신체에 신들은 생명의 입김을 불어 넣어서 새로운 삶을 시작할 수 있도록 해주었지요.

그리고 신들에게 불경스러운 일을 연달아 저지른 탄탈로스는 하데스의 세계로 끌려 내려가 앞서 말했던 영원한 배고픔과 목마름에 시달리는 벌을 받았던 것입니다.

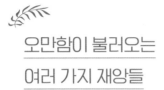

오만함이 불러오는 여러 가지 재앙들

니오베가 오만한 말과 행실 때문에 여신 레토의 분노를 샀고, 그녀의 분노는 자식 아폴론과 아르테미스를 충동하였습니다. 그로 인해 니오베는 사랑하는 아들딸을 모두 잃었지요. 성공하여 행복을 누리는 사람조차도 그것이 그의 정직한 노력의 결실이라고 하더라도 그리고 아무리 겸손한 태도로 조심스럽게 살아도 질투의 대상이 되곤 합니다. 하물며 대놓고 잘난 척하는 사람은 어떻겠습니까? 그래서 너무 큰 성공을 바라지 않고 작은 성공에도 조심스럽게 살아야겠다는 결심이 정말 지혜로운 것일지도 모르겠습니다.

오만한 태도는 다른 사람의 질투, 질시, 혐오의 대상이 되기 때문에 불행할 수도 있지만 니오베의 형제인 브로테아스처럼 스스로 불행을 자초하는 일이 될 수도 있습니다. 물론 브로테아스는 아르테미스 여신의 자존심을 건드렸기 때문에 벌을 받은 것처럼 보이지만, 그의 광기는 스스로 불을 지른 것이라고 할 수 있지요. 자만심에 빠져 불 속으로 뛰어든 것은 본인이니까요. 한편 펠롭스는 아무 죄도, 잘못도 저지르지 않았지만 끔찍한 재앙을 겪었습니다. 아버지 탄탈로스의 오만함 때문이었지요. 탄탈로스의 오만은 그 자신에게도 영원한 형벌을 불러왔지만 죄 없는 펠롭스도 죽게 했습니다.

니오베와 그 형제와 아버지의 신화는 우리가 성공에 취해 오만한 마음을 품게 될 경우 어떤 재앙을 불러일으키게 되는지를 다양한 관계 속에서 보여줍니다. 그러나 언제나 겸손하기란 쉽지 않습니다. 실력을 인정받고 노력한 일에 성공을 거둔 사람은 자신감에 마음에 부풀어 오르기 마련이지요. 그러다 자칫 자기보다 못한 사람이 보이면 무시하고 깔보는 마음이 생길 수도 있지요. 이런 마음을 잘 다스리는 사람은 성공의 결과를 꾸준히 유지하고, 또 다른 사람들의 존경도 받을 수 있을 겁니다.

영원히 베를 짜는 거미가 된
아라크네

　　아르테미스에 못지않은 순결의 여신이 있습니다. 바로 지혜의 여신 아테나예요. 아르테미스가 사냥을 통해 남성적 힘을 과시했다면 아테나는 전쟁을 통해 남성을 압도하는 위력을 보여주었지요. 둘은 남성의 영역에서 독보적인 권위를 가지고 있었고 남성들이 감히 넘볼 수 없는 태도로 자신의 처녀성을 지켜나갔어요. 두 여신 모두 자신의 권위와 자기 영역에서의 탁월성에 자부심이 있었고, 그것을 건드리는 자는 그 누구도 용납하지 않았지요. 악타이온이 사슴이 되어 사냥개에게 죽임을 당했던 것도 그가 감히 아르테미스보다 사냥 솜씨가

뛰어나다고 뽐내는 한편, 그녀의 순결성에 흠을 냈기 때문이었
어요.

아테나 여신도 그런 존재였습니다. 그런데 그녀의 역린을
건드린 사람이 있었어요. 아라크네라는 소녀였어요. 그녀는 뤼
디아 왕국의 휘파이아라는 작은 마을에 살았지요. 부모는 모
두 평민으로 출신은 보잘것없었습니다. 아버지 콜로폰은 염색
의 장인으로 값비싼 자줏빛 염료로 양모를 염색하여 단골손님
을 많이 확보해 나름 유명했지만 신분은 평민이었어요. 그녀의
어머니도 베를 짜는 평민이었어요. 아라크네는 어려서부터 베
를 짜고 염색하는 가사를 돕다 보니 자연스럽게 그 일에 익숙
해졌고, 익숙함에 흥미가 더해지자 탁월함으로 이어졌지요. 아
라크네가 베를 짜는 모습은 점점 사람들 사이에서 화제가 되었
어요. 그녀의 곁에는 언제나 많은 구경꾼들이 몰려들었답니다.
심지어 산속과 강가에 살던 요정들도 소문을 듣고 아라크네를
구경하러 오기도 했습니다. 같은 왕국에 살던 니오베 공주도
결혼해서 테베로 건너가기 전에 아라크네의 솜씨에 대한 소문
을 들었다고 해요. 어쩌면 니오베 공주도 아라크네 집안의 단
골손님이었을지도 모릅니다.

아라크네가 짠 베는 그 누구도 넘볼 수 없는 아름다움과 완성도를 뽐냈어요. 게다가 그녀가 베를 짜는 과정 자체도 흥미로운 구경거리였어요. 양털과 물레를 다루는 손놀림이나 전체적인 몸동작 그리고 베틀 위에서의 우아한 자태, 사람들은 그녀의 일거수일투족에 눈길을 주며 감탄을 터트렸지요. 아라크네의 작업을 보면서 누군가 이렇게 말했어요.

"정말 신비로운 솜씨야. 저렇게 잘하는 사람은 없을 거야. 저건 분명 아테나 여신에게 배운 게 분명해! 그렇지 않고서야 어떻게 저렇게 잘할 수가 있겠어?"

아테나는 지혜의 여신인데 전쟁에서 승리를 이끄는 지혜를 주관하는 한편, 생활에 필요한 다양한 기술, 특히 베 짜는 솜씨를 주관하는 여신이기도 했어요. 그래서 그런 칭찬이 나오는 것이었지요. 예, 맞아요. 그것은 아라크네에게 보내는 찬사였어요. 그 이상이 있을 수 없는 최고의 칭찬이었지요. 그 말을 듣고 아라크네가 기뻐했을까요? 보통 사람이라면 그런 칭찬에 기뻐했을 테지만 아라크네는 그렇지 않았어요. 자기 솜씨에 대해 엄청난 자부심이 있었기 때문에 오히려 불쾌한 반응을 보였어요.

"뭐라고요, 제가 아테나 여신에게서 배웠다고요? 천만의 말씀, 만만의 콩떡입니다! 저는 혼자 이 기술을 익혔고, 제 기술은 그 누구도 넘볼 수 없어요. 천하의 아테나 여신이라고 해도 저를 능가할 수는 없을 거예요. 여신더러 이곳에 와서 저와 겨뤄보라고 하세요. 그래도 저는 이길 자신이 있어요."

발언의 수위가 너무 높지요? 아라크네가 선을 넘고 말았어요. 아무리 훌륭한 기술을 가졌다고 해도 너무 오만하잖아요. 뛰어난 실력에 겸손의 미덕을 갖췄으면 얼마나 좋았을까요? 만약 아테나 여신이 이 말을 들었다면 어땠을까요? 아마 가만두지 않았을 것 같아요.

그런데 마침 그 자리에는 소문을 듣고 아라크네의 솜씨가 어떤지 보기 위해 아테나 여신이 직접 와 있었습니다. 물론 그 모습 그대로는 아니었지요. 지팡이를 짚고 있는 허름한 노파의 모습으로 변신해서 있었는데 아라크네의 오만한 태도에 모욕감을 느끼며 화가 났어요. 하지만 지혜의 여신답게 분노를 억누르고 소녀를 달랬지요.

"아라크네, 그대의 솜씨가 뛰어난 건 분명해요. 감탄스럽지요. 하지만 신에게 오만불손한 태도는 좋지 않아요. 겸손한 목소리로 여신에게 용서를 구하세요. 아마 아테나 여신은 그대의 실수를 용서해줄 거예요."

정말 아라크네가 잘못을 뉘우치고 용서를 구한다면 아테나 여신은 너그럽게 용서할 마음이었지요. 하지만 아라크네는 굽히지 않고 꼿꼿하게 대들었지요.

"이 할머니가 노망이 나셨나? 그런 말씀은 집에 가서 딸이나 며느리에게 하세요. 제 일은 제가 알아서 해요. 제가 무슨 잘못을 했다고 여신에게 용서를 구하지요? 저는 정말 아테나 여신이 온다 해도 이길 자신이 있어서 그렇게 말한 것뿐이에요. 왜 여신은 직접 오지 않는 거죠?"

이건 정말 아니지요? 예의가 너무 없어 보입니다. 실력이 전부가 아니잖아요. 인성도 실력이고, 상대에 대한 예의가 있어야 실력도 빛나는 것인데 말이에요. 아테나 여신은 이 말을 듣고 정말 화가 머리끝까지 났어요. 뚜껑이 열릴 판이었지요. 아테나는 마침내 진노를 폭발시켰어요. 노파의 껍질을 벗고 본래의 웅장한 모습을 드러냈어요. 주변에 모여 있는 구경꾼들은 모두 깜짝 놀라 두려움에 사로잡혀 땅에 바짝 엎드려 예를 표했지요. 하지만 아라크네는 굽히지 않았어요. 처음에 잠깐 두려움과 공포가 얼굴을 스치고 지나갔지만 가슴속 충만한 자신감은 그녀를 꼿꼿이 세워놓았어요. 아테나 앞에 마주 서자 떨림도 사라졌지요.

그리고 마침내 둘 사이에 베 짜기 시합이 벌어졌답니다. 마주하는 두 대의 베틀에 각자 자리를 잡고 베를 짜기 시작했지요. 그곳에 모인 사람들과 요정들이 관객이며 동시에 심판관이 되었어요. 역시 아테나였습니다. 여신의 놀라운 솜씨는 구경꾼들의 탄성과 찬사를 자아냈어요. 여신은 베를 촘촘히 짜면서 형형색색의 실을 엮어가며 환상적인 그림을 그려 넣었습니다. 베 한가운데에는 자신이 바다의 신 포세이돈과 경쟁하여 승리를 거두며 아테네 도성의 수호신이 되고, 이 광경을 제우스와 올림포스의 신들이 내려다보는 장면을 짜 넣었어요. 그리고 네 모서리에는 신들에게 오만한 태도를 보이다가 영원한 벌을 받는 인간의 모습을 그려 넣었지요. 사람들은 여신의 솜씨에 놀라면서도 그녀의 지엄함에 경악하며 몸을 떨었습니다. 그것은 명백하게 아라크네에게 보내는 신의 경고였습니다.

'한갓 인간인 네가 감히 여신인 나에게 도전하다니, 너의 실력이 사람들의 칭찬을 받은 만큼 너의 오만은 신들의 벌을 받

을 것이다.' 그런 메시지가 아니겠어요? 아라크네도 자기 베를 짜는 틈틈이 아테나의 베를 보았지만 그 솜씨나 그림의 엄중한 경고에도 전혀 위축되지 않았어요. 그녀는 여신을 능가하는 놀라운 솜씨로 자신만의 그림을 짜 넣고 있었지요. 제우스와 포세이돈, 아폴론 등 남신들이 여인들을 폭력적으로 유린하는 장면을 고발하듯 그린 겁니다. 열심히 베를 짜며 승리감에 젖어 있던 아테나가 눈을 들어 아라크네와 그녀가 짜는 베를 보자 크게 흔들리고 말았지요. 감히 신들의 권위를 무엄하게 비판하다니, 괘씸한 마음에 손이 떨렸습니다. 게다가 베를 짜는 솜씨와 우아한 자태에 감탄이 나올 정도였으니 뜻밖의 열등감이 이글거리는 분노에 더해졌던 겁니다.

아테나는 더 이상 참을 수 없었습니다. 속이 상한 여신은 천을 완성하기 전에 베 짜기를 멈추고 벌떡 일어나 아라크네의 베틀로 다가가 난폭하게 천을 찢어버렸지요. 자신의 패배를 가장 천박한 방식으로 인정한 셈입니다. 손에 들린 북을 들어 올려 아라크네의 이마를 세 번, 네 번 가격했지요.

그런데 아라크네는 어땠을까요? 그쯤 되면 땅에 바짝 엎드려 용서를 빌 만도 하건만 끝까지 꼿꼿했습니다. 심지어 여신의 폭행을 참다못한 아라크네는 밧줄에 목을 매 자살을 시도했지요. '신이면 다냐? 그래, 죽여라, 죽여!' 이렇게 악다구니를 부리는 행동이 아니었을까요? 꼭 이래야 했을까요? 자신의 실력이 아테나를 능가한다는 것을 확인했으니 그것에 만족하고 여신에게 용서를 구했다면 좋지 않았을까요?

아테나는 아라크네의 도발적인 행동에 깜짝 놀랐습니다. 괘씸하긴 하지만 또 한편 측은하기도 했지요. 그런데 만약 여기서 아라크네가 자살한다면 죽음에 대한 책임과 비난은 모두 아테나에게로 돌려질 것만 같았지요. 그래서 아테나는 아라크네의 죽음을 막았어요. 그녀의 몸을 들어 올려 밧줄에 목이 졸리지 않게 하며 말했습니다.

"못된 것! 죽지 말고 목숨은 보전하거라. 하지만 늘 허공에 매달려 항상 베를 짜거라. 네 가문은 대대로 이런 벌을 받을 것이다."

이렇게 말하고 아테나는 아라크네의 몸에 어떤 액즙을 끼얹었답니다. 액즙이 몸에 닿자 아라크네의 머리카락은 모조리 빠졌고 코와 두 귀도 없어져버렸지요. 독약이었던 거예요. 곧이어 아라크네의 머리와 몸이 쪼그라들었고, 손가락이 길게 늘어나면서 다리가 되어 양 옆구리로 삐져나왔습니다. 거미가 된 것입니다. 거미를 그리스어로는 '아라크네'라고 하는데 바로 말 그대로 아라크네가 거미로 변신했기 때문이었지요. 이는 신의 역린을 건드린 자의 최후였습니다.

권위가 있다면 배려를,
실력이 있다면 겸손을

이야기를 읽으면서 신에게 불손했던 인간 아라크네뿐만 아니라 신의 행동도 한번 돌아봐야 합니다. 아라크네도 잘못했지만 화가 나서 아라크네가 짠 천을 갈기갈기 찢고 그녀를 때리기까지 한 아테나의 행동도 비난받을 만하지 않나요? 의연하게 패배를 인정하고 아라크네의 실력을 칭찬한 다음, 겸손의 미덕을 권유했다면 아라크네도 큰 깨달음을 얻고 여신에게 경의를 표했을 것이며, 주위 구경꾼들도 모두 여신에게 존경의 찬사를 보냈을 겁니다. 하지만 아테나는 분노를 억누르지 못하고 자신의 우아한 품격을 드러낼 기회를 놓치고 말았지요.

이 신화가 주는 교훈은 아주 명확합니다. 아라크네처럼 실력을 갖추었다면 그녀에게 부족했던 겸손의 미덕도 함께 가지려고 노력하면 좋겠습니다. 아테나 여신처럼 힘과 권위를 가지고 있다면 그와 함께 포용력과 배려, 패배를 인정할 줄 아는 공정한 품격도 함께 지니려고 노력하면 좋겠습니다.

아폴론을 배신한
가혹한 대가

그리스에서 에게해를 가로질러 동쪽으로 가면 지금의 튀르키예 땅 서북쪽에 트로이아라는 도시가 있었습니다. 트로이아 전쟁으로 유명한 곳이지요. 전쟁이 벌어진 당시 트로이아의 왕은 프리아모스였습니다. 그의 부인은 헤케베였는데 아주 많은 자식을 낳았어요. 그들 중에 두 사람이 아끼는 어여쁜 공주가 있었습니다. 이름은 카산드라, 그녀에겐 아주 특별한 능력이 있었어요. 바로 미래를 내다보는 예언의 능력이었지요. 그녀는 어떻게 그런 예언의 능력을 갖게 되었을까요? 여기에 관해 두 가지 이야기가 전해지고 있습니다.

첫 번째 이야기예요. 카산드라에게는 헬레노스라는 쌍둥이 형제가 있었어요. 둘은 서로에게 경쟁심도 갖고 있었지만 친하게 지냈지요. 어렸을 적, 둘은 아폴론 신전에 들어갔다가 깜빡 잠이 들었대요. 그때 아폴론의 신성한 뱀이 스르륵 다가와 혀를 날름거리더니 두 남매의 귓구멍에 혀를 넣고 핥았대요. 그때부터 두 아이는 아폴론의 능력 가운데 예언의 능력을 갖게 되었다고 합니다.

아폴론은 궁술과 의술, 음악의 신이지만 무엇보다도 태양의 신이지요. 태양은 어둠을 몰아내고 모든 것을 환하게 비춰주는 힘이 있으니, 아폴론은 인간의 무지를 비추는 이성의 신이며 계시와 예언, 신탁의 신이기도 합니다. 우리가 과거의 비밀과 현재의 상황, 미래의 운명을 몰라서 답답할 때 마치 어둠에 휩싸인 것 같다고 표현하잖아요? 만약 이 모든 사실을 알려주는 사람이 있다면 그는 우리에게 태양과도 같은 존재일 텐데, 아폴론이 바로 그런 존재였습니다.

두 번째 이야기입니다. 어느 날, 성숙한 카산드라가 아폴론 신전으로 들어갔는데 그녀를 보고 아폴론이 사랑에 빠졌어요. 또 한번 에로스가 짓궂은 장난으로 황금 화살을 날려 보낸 걸까요? 그가 카산드라 앞에 나타나 고백했지요.

"카산드라. 나의 사랑을 받아주시오. 내 연인이 되어주시오."

"어머, 아폴론 님, 제가 아폴론 님의 연인이 된다고요?"

"그렇소. 내 마음은 진심이오."

"그러면 조건이 하나 있어요."

"무엇이오? 그대가 원하는 것은 모두 주겠소."

"저는 아폴론 님이 가진 예언의 능력을 갖고 싶어요. 미래를 내다보는 예지력으로 저의 아버지 프리아모스 왕을 도와 트로이아를 강한 나라로 만들고 싶거든요."

아폴론은 기꺼운 마음으로 카산드라의 요청에 응했어요. 그때부터 카산드라는 예언의 능력을 갖게 되었대요. 그런데 카산드라는 약속을 어겼어요. 아폴론과의 만남을 피했던 거예요. 에로스가 카산드라의 심장에 납 화살을 날려 보냈던 걸까요? 어쨌든 아폴론은 무지하게 화가 났어요.

그렇지만 카산드라에게 한 번 준 예언의 능력을 다시 빼앗아 올 수는 없었습니다. 어떻게든 배신에 보복을 하고 싶었던 아폴론은 그녀에게 저주를 내렸지요. 그녀가 예언의 능력을 발휘하여 미래를 내다보고 사람들에게 안타까운 심정으로 이야기해도 사람들이 그 말을 전혀 믿지 않게 만들었던 겁니다. 카산드라가 진실을 예언할 때마다 사람들은 그 말을 거짓말로 생각하고 그녀가 미쳤다고 여기게 되었지요. 카산드라는 진실을 예언하는 순간마다 불신과 의심에 부딪히자 답답해서 미칠 지경이었습니다. 구체적으로 어떤 일이 있었냐고요?

트로이아 전쟁이 일어나기 전이었습니다. 남동생인 파리스가 스파르타로 가려고 하자 카산드라는 그것이 위험한 일임을 예감했지요. 파리스가 그곳에 간다면 스파르타의 왕비 헬레네와 사랑에 빠지고, 헬레네를 트로이아로 데려올 미래가 보였던 겁니다. 그렇게 되면 스파르타의 왕 메넬라오스는 아내를 빼앗긴 치욕 때문에 전쟁을 일으킬 테고요. 그렇게 전쟁이 일어난다면 트로이아는 망하게 될 것이 불을 본 듯 훤했습니다. 그래서 그녀는 이 모든 것을 다급하게 외쳤지요.

하지만 파리스뿐만 아니라 다른 그 누구도 카산드라의 말을 믿지 않았고 오히려 그녀를 미친 사람 취급했지요. 카산드라는 고구마를 세 개쯤 먹은 것처럼 답답해 미칠 것만 같았습니다. 진실이 거부당할 때의 황당함과 답답함을 그 무엇에 비교할 수 있겠습니까? 그녀의 예언대로 파리스는 헬레네를 데려왔고 그로 인해 전쟁이 일어났지요. 만약 트로이아 사람들이 카산드라의 말을 들었다면 어떻게 됐을까요? 그랬다면 수많은 사람이 죽는 피비린내 나는 전쟁을 피할 수 있었을 겁니다.

그리고 트로이아 전쟁이 십 년째 되는 해였습니다. 트로이아는 한마음 한뜻으로 단결하고 용감하게 효율적으로 싸워 그리스의 공격을 잘 막아냈어요. 그리스인들은 점점 지쳐갔지요. 그러던 어느 날, 그리스인들이 해안에 커다란 목마를 남겨두고 모두 함선을 타고 사라졌습니다. 많은 트로이아인이 그리스가 전쟁을 포기하고 귀향한 것이라고 기뻐하며 쾌재를 불렀지요. 거대한 목마는 무사 귀향을 위해 그리스인들이 아테나 여신에게 바치는 가호의 예물이라고 여겼어요. 하지만 카산드라는 보이는 현상 너머의 비밀을 꿰뚫고 있었습니다. 그녀는 울부짖었어요.

"트로이아인들이여, 정신 차리세요. 그리스인들은 전쟁을 포기하고 집으로 간 것이 아닙니다. 그들은 어딘가에 숨어 있고 여전히 우리를 노리고 있어요. 그리고 저 목마는 선물이 아닙니다. 저것은 우리를 망하게 하려는 함정이에요. 목마를 트로이아 성으로 들이면 큰일 납니다! 저 목마를 물에 던지세요.

아니면 불에 태우거나!"

하지만 모든 트로이아인은 그녀의 말을 믿지 않았습니다. 오히려 그녀를 정신 나간 여인으로 몰아붙였지요. 만약 그녀의 말대로 목마를 처리했다면 트로이아는 멸망하지 않았을 겁니다. 목마 속에는 카산드라의 말대로 그리스의 정예 용사들이 숨어 있었고 다른 그리스인들은 함선을 타고 인근 섬 뒤쪽에 매복하고 있었지요. 트로이아인들은 카산드라의 경고를 무시하고 목마를 승리의 전리품이라며 트로이아의 성안으로 끌어들였습니다.

승리에 취해 있던 트로이아인들은 목마를 도시 한가운데에 세워두고 잔치를 벌였습니다. 술을 마시고 춤을 추며 승리를 자축했지요. 하지만 그것은 승리의 축제가 아니라 생을 마감하고 도시를 파멸로 몰아넣는 죽음의 축제가 되고 말았어요. 자정이 되자 승리감과 술에 만취가 된 트로이아인들이 곯아떨어졌고, 목마에 숨어 있던 그리스의 정예 용사들이 밧줄을 타고 내려와 성문을 열었습니다. 귀향하는 척하며 트로이아를 떠났다가 야밤에 다시 돌아온 함선들에서 수많은 그리스 병사들이 쏟아져 나왔고 그들 모두가 트로이아 성문 안으로 들어갔지요.

트로이아는 그렇게 멸망했습니다. 남자들은 대부분 죽음을 피하지 못했고 수많은 여인들은 노예로 잡혀갔지요.

카산드라는 그리스 연합군의 총사령관인 아가멤논의 노예가 되었어요. 피눈물을 흘리며 불타는 트로이아를 떠나 아가멤논에게 끌려 그리스 땅 뮈케네로 갔지요. 아가멤논의 왕궁에는 그의 아내 클뤼타임네스트라가 기다리고 있었습니다. 궁전으로 들어서는 카산드라는 이상한 기운을 느꼈어요. 아폴론의 능력이 작동하기 시작한 겁니다.

"아, 아폴론이여, 나의 아폴론이여. 나를 도대체 어디로 데려오셨나요? 아, 신을 두려워하지 않는 집이군요. 혈육을 죽이고 목을 베고 얼마나 많은 악을 행했는가요? 남자들의 도살장, 땅에 피를 뿌리는 곳! 남편을 깨끗이 씻긴 후에 끝장내려는 여인이 있군요. 여기 보이는 것은 무엇인가요? 남편을 죽이려고 아내가 쳐놓은 죽음의 덫이로군요!"

그녀에게는 곧 다가올 아가멤논과 자신의 죽음이 생생하게 보였던 것입니다.

"아, 나는 얼마나 가련한 여인인가요. 왜 나를 이리로 데려온 것인가요? 혼자 죽기 싫어서 나를 데려온 것인가요, 아가멤논!

나를 기다리는 것은 쌍날칼, 그것이 나를 찢겠군요."

하지만 뮈케네 사람들은 그 누구도 카산드라의 말을 들으려 하지 않았습니다. 전쟁에 패하고 노예로 끌려오더니 미쳤다고 생각한 겁니다. 그도 그럴 것이 아가멤논은 트로이아 전쟁을 승리로 이끌었으며, 값비싼 전리품을 수십 대의 마차에 가득 싣고 개선 행진을 한 뒤 백성들의 열렬한 환영과 아내의 극진한 대접을 받고 있는데 그 누가 카산드라가 말한 것 같은 끔찍한 불행이 터지리라 생각했겠어요? 지금 아가멤논은 인생의 절정, 성공의 클라이맥스에 도달한 셈이니까요.

그래서 카산드라는 정말로 미칠 것만 같았습니다. 진실을 이야기하는 데도 누구도 귀담아듣지 않으니까요. 누구도 예상하지 못한 가운데, 결국 카산드라의 예언은 실현되었어요. 십 년간의 전쟁 동안 쌓인 피로를 풀기 위해 목욕을 하던 아가멤논은 아내 클뤼타임네스트라가 내리찍는 도끼에 무참하게 살해되었고, 피투성이가 된 그의 시신 곁에 카산드라도 피범벅이 되어 나란히 눕게 되었으니까요.

인간관계에서 가장 중요한
공감과 경청

여러분은 살면서 언제 가장 답답함을 느끼나요? 진심으로 이야기하는데 상대가 진심을 알아주지 않고 내 말을 믿으려고 하지 않을 때, 내 말에 전혀 공감을 해주지 않을 때, 여러분의 마음은 어떤가요?

사람들 가운데에는 유난히 타인에게 공감하는 능력이 부족한 사람이 있습니다. 그런 사람은 자기 생각에만 빠져 친구를 사귀는 데에도 어려움을 느끼지요. 오스트리아의 소아과 의사였던 아스페르거는 이런 사람들을 두고 자신의 이름을 따서 '아스페르거 증후군' 또는 '아스퍼거 증후군'이라고 불렀습니다. 한편 이런 사람과 상대하면서 괴로움과 답답함을 심하게 느끼는 사람에 대해서는 '카산드라 증후군'이라고 부릅니다. 신화 속 카산드라와 같이 내가 진실을 말하는데 상대는 전혀 귀기울이지 않고 의심하고 무시할 때 느끼는 병적인 답답함을 일컫는 말이지요.

여러분은 어떤 경우에 더 가깝나요? 타인의 말에 관심을 두고 공감하는 태도를 갖는다면 인간관계에서 많은 문제가 자연스럽게 해결될 것입니다. 그러나 아스퍼거 증후군처럼 남에게 공감하지 않고 자기 뜻만 고집한다면 상대는 답답하고 스트레스가 심해져서 카산드라 증후군을 겪게 될 것입니다. 그러면 개인적 차원에서는 물론이고 사회적 차원에서도 인간관계는 일그러질 수밖에 없을 겁니다.

허기의 저주를 받은 에뤼식톤이
끝내 먹어 치운 것

잠깐 그리스 로마 신화의 숲에서 벗어나 보겠습
니다. 우리나라 신화의 숲, 제주도로 가볼까 해요. 한라산이 우
뚝 솟은 제주도에는 태곳적 신비를 간직한 숲도 여전히 많고
요, 무려 만 팔천여 명이나 되는 신들의 이야기가 깃들어 있는
신화의 보물 창고와도 같은 곳이랍니다.

그중에는 아주 흥미로운 '대식가들' 이야기도 있지요. 제주
구좌읍 송당리 마을에는 소로소천국이라는 사냥꾼이 살고 있
었대요. 그는 수렵과 목축의 신이었어요. 결혼할 나이가 되었
을 때 백주또라는 처녀를 만났어요. 그녀는 중국 땅 강남천자

국에서 농사를 지으며 살다가 다른 세계가 궁금했는지 배를 타고 제주도로 온 농경의 여신이었지요. 두 사람이 만났을 때 멀리 있던 그리스 로마 신화의 에로스가 제주도로 날아와 그들의 가슴에 황금 화살을 쏘았던 걸까요? 둘은 서로 사랑하게 되었고 마침내 결혼까지 했습니다.

알콩달콩하게 살던 둘은 부부 금실도 좋아 자식을 많이 낳았는데, 아들 열여덟 명, 딸 스물여덟 명을 낳았고, 또 아들과 딸들이 낳은 손자도 무려 삼백일흔여덟 명이나 되었다고 해요. 이들이 함께 살았다니 집 안이 정말 북적북적했지요. 하루 식사량만 해도 엄청났겠지요? 어떻게 먹고 살았을지 정말 궁금합니다. 자식들을 먹여 살리려면 사냥꾼 소로소천국이 하루에 멧돼지를 서너 마리는 잡아야 했을 거예요. 하지만 어림도 없었지요.

사냥만으로는 생활을 유지하기가 쉽지 않으니 농사에 밝았던 백주또는 소로소천국에게 소를 한 마리 주면서 농사를 지으라고 했어요. 그렇게 땅을 갈게 된 소로소천국, 하루는 배가 너무 고팠어요. 참다못한 그는 밭을 갈던 소를 보더니 군침을 흘리고 달려들어 냉큼 잡아먹었어요. 그런데도 배가 차지 않았어요. 엄청난 대식가였거든요. 주린 배를 움켜쥐고 이리저리 둘러보니 억새풀밭에 검은 암소 한 마리가 보이지 뭐예요. 소로소천국은 소의 주인이 누군지, 이런 것은 따지지도 않고 얼른 소를 잡아다가 지글지글 구워 먹었지요. 소로소천국을 찾아왔던 백주또가 이 모습을 보고 깜짝 놀라며 화를 냈어요.

"아니, 이 양반이! 농사일은 어쩌려고 소를 잡아먹나? 그리고 우리 소 잡아먹은 건 그렇다 치고, 왜 남의 소까지 함부로 잡아먹는 것이오? 난 당신 같은 소도둑놈하곤 못 살겠소."

그렇게 둘은 갈라서서 따로 살게 되었대요. 둘 모두 신이라고는 하나 하는 행동이 우리 인간들과 다를 바가 없지요? 자식들을 먹여 살리려고 땅을 갈다가 배가 고프다고 소를 두 마리나 잡아먹다니, 정말 철도 없지만 엄청난 먹성을 가졌다고 볼 수 있겠습니다. 그런데 이는 그리스 로마 신화에 나오는 신들과도 비슷한 것 같아요.

그리스 로마 신화 속에도 그런 먹보가 있을까요? 바로 '에리식톤'을 꼽을 수 있습니다. 소로소천국은 그래도 충분히 먹으면 배가 불렀지만 에리식톤은 먹으면 먹을수록 배가 고파졌으니 훨씬 더 먹보였겠지요? 그런데 채워지지 않는 그의 식욕은 일종의 형벌이었어요. 왜 이런 형벌을 받게 되었을까요?

에리식톤은 그리스 중부 테살리아 지방의 왕이었습니다. 테살리아는 예로부터 그리스에서 가장 비옥한 곳이었어요. 산이 많은 그리스의 다른 지역에 비해 비교적 넓은 평원이 있었고 땅도 비옥해서 곡물 농사가 잘되던 곡창 지대였지요. 축복받은 땅을 다스리며 풍요롭게 살던 그는 창고가 채워지면 채워질수록 더 많은 곡물과 재산을 갖고 싶어 했어요. 창고는 그의 욕망 그 자체였어요. 욕망이 늘어나듯 하나의 창고가 채워지면 다른 창고를 짓고, 그 창고를 채우기 위해 아주 열심히 일했지요. 창고를 더 채우기 위해서는 더 많은 밭이 더 필요했지요. 하지만 이제 평지는 더 많은 곡식을 심고 거둘 수 없을 만큼 이미 밭으로 쓰이고 있었습니다. 에리식톤은 눈을 자연스럽게 숲으로 돌렸어요. 그리고 생각했지요. '저 숲의 나무를 베어내어 밭을 만들자. 그러면 더 많은 곡식을 거둘 수 있고 창고도 더 지을 수 있지!'

그는 많은 일꾼을 동원해 숲의 나무를 베기 시작했어요. 그렇게 나무가 쓰러져 평지가 드러날 때마다 에리식톤은 더 많은 곡식을 거둘 생각에 좋아서 어쩔 줄을 몰랐지요. 그런데 그 숲은 대지의 여신이자 농사를 주관하는 데메테르의 신성한 영토였고, 숲 깊은 곳에는 여신의 신성한 참나무가 우람하게 우뚝 서 있었습니다. 일꾼들은 그 나무에 이르자 나무가 지닌 위엄에 압도되어 입을 벌려 감탄하며 얼어붙은 것처럼 꼼짝 못 하고 서 있었어요.

"뭐 하는 거냐? 어서 저 나무를 베거라! 저것만 제거하면 이 숲 전체가 모두 밭이 될 것이다. 창고도 더 만들 수 있다. 우린 엄청난 부자가 될 것이다!"

"그런데 전하, 무섭습니다. 저 나무는 왠지 그냥 나무 같지 않아요. 데메테르 여신의 나무라고 하던데 건드리면 안 될 것 같습니다."

"이런 바보 같은 녀석들! 세상에 무슨 신이 있단 말이냐! 저건 그냥 나무일 뿐이다. 우리의 발목을 잡는 장애물일 뿐이라고! 설령 여신의 나무라고 해도, 아니, 여신 자신이라고 해도 쓰러뜨려야 한다. 못하겠거든 도끼를 이리 내거라!"

일꾼의 도끼를 빼앗은 에리식톤은 나무를 향해 성큼성큼 걸어가더니 도끼를 높이 들어 내리찍으려고 했어요. 그런데 갑자기 나무가 부르르 떨면서 신음 소리를 내는 거예요. 초록의 잎

사귀들이 하얗게 질리고 가지와 도토리도 창백해졌지요. 하지만 에리식톤은 멈추지 않았어요. 그냥 나뭇잎을 스치는 바람 소리이며, 햇빛에 반사되어 잎이 하얗게 보이는 것일 뿐이라고 생각했지요. 그리고 기어이 도끼로 나무 밑동을 내리쳤어요. 그러자 도끼날에 찍힌 나무에서 피가 솟구쳐 그의 얼굴로 튀었지요. 곁에 있던 수행원과 일꾼들은 깜짝 놀랐어요. 그중 한 사람은 그에게로 뛰어갔습니다.

"안 됩니다, 전하. 그만하세요. 여신께서 진노하세요!"

"놔라, 이놈! 멍청한 놈. 그래, 너 참 경건하구나. 오냐, 내가 상을 주마!"

그리고 끔찍한 일을 저질렀지요. 나무를 찍던 도끼로 말리던 일꾼의 목을 친 겁니다. 나무와 사람의 상처에서 솟구친 피로 온통 범벅이 된 에리식톤은 미친 사람처럼 씩씩대며 다시 나무를 향해 도끼질을 마구 해댔어요. 마침내 나무는 쓰러지고 말았지요.

"내가 이렇게 너의 탐욕으로 죽는구나. 나는 이 나무에 깃들어 살던 요정이다. 하지만 나의 위안은 네가 곧 큰 벌을 받게 되리라는 것이다. 너는 더욱더 풍요로워지겠지만 그것이 너를 만족시키진 못할 것이다."

참나무 거목이 쓰러지자 곁에 있는 작은 나무들도 그 무게에 짓눌려 함께 쓰러졌고, 그 안에 함께 하던 작은 요정들도 질식하고 말았어요. 에리식톤은 나무가 주는 경고를 나무가 쓰러지면서 내는 소음이라고 무시했지요. 이 모습을 보던 데메테르는 진노했고 죽어가던 요정들의 저주와 간청을 들어주었어요.

데메테르 여신은 허기의 신 리모스에게 에리식톤의 배 속에 들어가달라고 요청했어요. 원래 리모스는 수확과 풍요의 신 데메테르와는 상극이어서 서로 만나지도 않았지만 이 명령만은 따랐대요. 바람을 타고 왕궁으로 날아온 리모스는 잠들어 있는 에리식톤을 온몸으로 껴안았고 그의 입과 배와 혈관에 허기를 뿌려 넣었습니다. 잠을 자던 에리식톤은 큰 잔치를 벌이고 끊임없이 먹어 치우는 꿈을 꾸었어요. 그러나 꿈에서 먹는 것으로는 허기가 채워지지 않자 에리식톤은 벌떡 일어났지요. 그리고 식당으로 달려가 남아 있던 음식들을 먹어대기 시작했어요.

그런데 어쩐 일인지 먹으면 먹을수록 배가 채워지기는커녕 더욱더 배가 고파지는 것이었어요. 더 이상 음식이 보이지 않자 그는 창고로 달려가 여러 달 치의 궁전 음식을 계속 먹어 치우기 시작했어요. 하지만 먹어도 먹어도 배고팠고, 먹으면 먹을수록 더 허기졌어요. 결국 며칠 지나지 않아 음식 창고도 모두 바닥이 났어요.

그는 궁전 구석구석을 뒤져서 금은보화와 재산이 될 만한 것들을 팔아 치우면서 음식을 사들였고, 사는 족족 먹어댔어요. 얼마 지나지 않아 그는 모든 재산을 탕진하고 거지가 되고 말았지요. 그래도 계속되는 허기를 채우기 위해 결국 그는 딸까지 팔았답니다. 마침내 허기로 큄해진 눈에 그의 두 손이 보였어요. 허기에 미친 그는 비릿한 웃음을 흘리며 천천히 자신의 두 손을 입으로 가져갔지요. 그렇게 에리식톤은 자기 자신을 뜯어먹기 시작했어요. 다음 날, 에리식톤의 몸은 아무것도 남지 않은 채로 사라져버렸어요. 더 많이 가지려는 욕심이 그를 더욱 굶주리게 했고 끝내 소멸시킨 것입니다.

인간의 욕심은 끝이 없고
똑같은 실수를 반복한다

탐욕에 눈이 멀어 스스로를 무너뜨린 에리식톤의 이야기입니다. 채워지지 않는 욕심을 계속 부리면서 불행해진 이 사연은 지금 이 순간을 살아가는 우리 스스로를 돌아보게 만듭니다. 이 땅에서 사라져버린 에리식톤이 우리 속에 들어와 있는 것은 아닐까요? 아니, 그를 정복했던 허기의 신 리모스가 우리에게도 찾아온 것은 아닐까요?

현실 속의 이 세계와 우리는 어떤가요? 사람들은 더 잘 살겠다고 산을 깎고 숲을 망가뜨리며 없애고 도로를 닦아 아파트를 세우고 있습니다. 넓은 아마존도 개발이라는 명목 아래 점점 숲을 잃어가고 있지요. 그런데 이런 일들이 인간의 삶을 정말 풍요롭게 할까요? 숲을 살리고 욕망을 줄이는 일이 인간을 살리는 길이라고, 에리식톤의 후회의 목소리가 메아리처럼 귓가에 들리는 듯합니다.

욕망이 무조건 나쁜 것은 아닙니다. 욕망은 우리가 열심히 일할 수 있도록 재촉하는 동력이 되지요. 아무것도 하고 싶지 않은 사람은 어떤 일도 성실하게 해낼 수 없고, 세상이나 본인 개인의 행복에 아무런 기여도 할 수 없습니다. 열정도, 열심도 모두 욕망에서 솟아나는 것이니까요. 문제는 이성이 욕망을 적절한 선에서 통제하지 못할 때 생깁니다. 무분별한 욕망은 과욕과 탐욕으로 변질되고 스스로를 집어삼키게 되지요. 열심히 공부하고 일하는 것도 좋지만 그것이 지나치면 에리식톤이 자기 몸까지 씹어먹었던 것처럼 욕망이 우리를 집어삼킬 수도 있어요. 반대로 열심히 일하고 공부하면서도 탐욕에 빠지지 않는다면 인생에서 성공을 거두며 만족하는 행복을 누릴 수 있을 거예요.

모든 것을 황금으로 만드는 미다스의 손

욕망 때문에 자기까지 뜯어먹고 결국 사라져버린 에리식톤 같은 사람이 이 세상에 또 있을까요? 아마도 미다스를 꼽을 수 있을 것 같습니다. 미다스는 지금의 튀르키예 땅에 있던 고대 프리기아 왕국의 왕이었어요. 원래 프리기아에는 왕이 없었는데 어느 날 다음과 같은 신탁이 내려왔어요.

"이제 소달구지를 몰고 도시로 들어오는 첫 번째 사람, 그가 왕이 되리라."

신탁을 들은 프리기아 사람들은 모두 성문을 향해 눈을 돌렸는데 마침 한 농부가 소달구지를 몰고 성문으로 들어왔지요.

그는 멀리 그리스 땅 마케도니아에서 온 가난한 농부였어요. 이름은 고르디아스, 하지만 사람들은 그의 차림새나 신분에 아랑곳하지 않고 환호하며 그를 프리기아의 왕으로 선언했어요. 얼떨결에 왕이 된 고르디아스는 사람들의 기대를 저버리지 않았지요. 사람들과 함께 열심히 일하면서 도시를 세우고 자신의 이름을 따서 그곳을 고르디온이라고 불렀고, 프리기아의 수도로 삼았지요.

미다스는 고르디아스의 아들이었지요. 그는 아버지가 왕이 된 것을 감사하며 아버지의 소달구지를 제우스에게 예물로 바쳤어요. 산수유나무 껍질을 벗겨 밧줄을 만든 다음, 그 누구도 풀 수 없을 만큼 복잡한 매듭을 지어 수레를 기둥에 묶었대요. 그리고 아버지 뒤를 이어 왕이 되자 프리기아를 부강하게 만들기 위해 열심히 일했어요.

그러던 어느 날, 농부들이 한 노인을 밧줄에 묶어 미다스 앞으로 데려왔어요. 그는 한눈에 그 노인이 포도주의 신 뒤오니소스의 양아버지인 실레노스라는 것을 알아차렸어요. 술에 잔뜩 취한 그가 뒤오니소스 무리와 떨어져 숲속에서 길을 잃고 헤매고 있었던 거예요. 미다스는 그를 풀어준 다음 환영과 축하의 잔치를 열흘 동안이나 벌였어요. 그리고 뒤오니소스가 실레노스를 찾고 있다는 소식을 들은 미다스는 직접 실레노스를 데리고 들판으로 가서 뒤오니소스를 만났습니다.

뒤오니소스는 실레노스를 다시 만나 기뻤고 양아버지에게 친절을 베푼 미다스가 고마웠습니다. 소원이 있다면 무엇이든 들어준다고 했지요. 미다스는 자신의 호의가 가져다준 행운에 가슴이 뛰었습니다. 무엇을 달라고 할까 고민하다가 마침내 이렇게 말했습니다.

"제 몸에 닿는 것이 모두 누런 황금이 되게 해주십시오."

"황금이라고? 아, 후회할 텐데. 그것 말고 다른 것을 구하면 어떻겠는가?"

"아닙니다. 그것만 있으면 됩니다."

뒤오니소스의 경고에도 미다스는 아랑곳하지 않고 신비로운 능력으로 엄청난 부자가 될 생각에 가슴이 벅차올랐습니다. 아버지가 만든 나라를 단숨에 부강하게 만들고 싶었던 것이겠지요? 황금만 있다면 백성 모두가 행복하게 살아갈 수 있을 거라고 생각했지요. 뒤오니소스는 미다스에게 황금의 능력을 부여하고는 얼른 실레노스와 함께 자리를 떴습니다.

집으로 돌아오는 길에 미다스는 콧노래를 불렀습니다. 그리고 뒤오니소스가 약속을 잘 지켰는지 확인해 보고 싶었지요. 곁에 서 있는 키 작은 떡갈나무에서 푸른 가지를 하나 꺾어 보았습니다. 그러자 그것은 곧바로 황금 가지가 되었어요. 미다스는 깜짝 놀랐습니다. 돌멩이를 하나 집어 들자 곧 누런 황금이 되었지요. '이야, 이거 정말로 내가 만지는 것이 모두 황금이 되잖아!'

미다스는 좋아 죽을 지경이었습니다. 한 손에는 황금 가지를, 한 손에는 황금 덩어리를 들고 의기양양하게 궁전으로 돌아왔지요. 문을 지키던 병사는 미다스의 손에 들린 황금을 보고 눈이 동그래졌습니다.

"전하, 웬 황금을 들고 오시나요?"

"아, 이거? 별거 아니다. 너희들 수고가 많구나. 내가 너희들에게 선물로 주마."

"아니, 이 귀한 걸 정말로 주시는 겁니까! 감사합니다, 전하!"

병사들은 황금 가지와 황금 덩어리를 하나씩 들고 한껏 기뻐했습니다. 천만다행이지 뭡니까? 만약 미다스가 악수라도 하자고 했으면 병사들은 어떻게 되었을까요? 미다스가 왕궁으로 들어오자 신하들이 인사를 했습니다. 그는 이때다 싶어 멋진 광경을 보여주겠다며 궁전의 기둥으로 다가섰지요. 나뭇가지나 작은 돌멩이라면 모를까, 이렇게 큰 기둥도 황금으로 변할까요? 그러나 뒤오니소스 신의 약속은 미다스가 생각한 것보다 훨씬 더 엄청난 것이었습니다. 미다스가 껴안은 돌 기둥은 점점 누렇게 변하더니 곧 완전한 황금 기둥이 되었습니다. 신하들은 입을 쩍 벌렸지요.

"전하, 이게 어찌 된 일입니까? 돌 기둥이 황금 기둥이 되었습니다!"

"놀라지 마라. 이제 우리 프리기아는 세상에서 가장 부유한 나라가 될 것이다. 백성들은 일하지 않아도 부자로 떵떵거리며 살 수 있을 것이다."

미다스는 한껏 우쭐해졌어요. 그는 나머지 돌 기둥도 하나씩 껴안았고 모두 황금 기둥으로 변했습니다. 궁전은 얼마 지나지 않아 번쩍이는 황금 궁전이 되었지요. 신하들은 눈에 보이는 것을 믿지 않을 수 없었지만 이런 일이 일어날 수는 없다며 의심을 하지 않을 수도 없었어요. 그래도 다행입니다. 미다스가 반신반의하는 신하들을 다독인다고 한 사람씩 껴안았다면 어떻게 되었겠습니까?

왕궁은 이제 난리가 났습니다. 신비로운 광경을 본 사람들은 소문을 퍼트렸고, 모든 사람이 미다스 못지않게 거짓말 같은 현실에 놀라며 희망에 들떴지요. 하인들은 미다스를 위해 진수성찬을 준비했어요. 왕의 능력에 그들도 한껏 기대를 걸고 있었고 앞으로 벌어질 일들에 벌써부터 미리 고마웠던 거예요. 음식 중에는 빵도 빠지지 않았습니다. 탐스럽게 부풀어 오른 빵을 보자 군침이 돌았어요. 자연스럽게 미다스의 손이 빵으로 향했지요. 빵을 집어 들고 입으로 가져가자 빵은 점점 빛을 내며 황금으로 변하더니 이에 닿는 순간 완전히 황금이 되었어요. 하마터면 이가 부러질 뻔했어요. 미다스는 아차 싶었어요. 식은땀이 흘렀지요. 이번에는 포도주 잔을 들자 잔이 황금으로 변했지만 잔 속의 포도주는 여전히 찰랑거렸어요. 그러나 입술에 닿는 순간, 포도주는 황금빛으로 변했고 입으로 들어가는 순간에 미다스는 뱉어낼 수밖에 없었지요.

'어, 입에만 닿아도 황금이 되다니. 그러면 이제 난 아무것도 먹을 수 없는 건가? 아, 이것 때문이었구나! 뒤오니소스 신이 내가 후회하게 될 것이라고 했던 것이……'

미다스는 자신의 소원을 듣는 순간에 일그러졌던 뒤오니소스의 얼굴이 떠올랐어요. 그리고 땅을 치며 후회했지요. 그러자 땅바닥도 황금으로 변했어요. 미다스의 입에서 쓰라린 웃음이 흘러나왔지요. 그래도 혹시나 해서 그는 곁에서 시중을 들고 있던 하녀를 불렀습니다. 그녀가 포크에 먹을 것을 찍어서 입에 넣어주면 괜찮지 않을까 싶어서였지요. 하지만 하녀가 집어 주는 음식도 입에 닿는 순간 황금으로 변하기 시작했어요. 곁에 있는 모든 것이 황금으로 번쩍였지만 그는 허기가 일으키는 고통을 느끼며 계속 꼬르륵거리는 배를 움켜쥐었지요. 이러다가는 굶어 죽고 말 거예요.

더 끔찍한 것은 미다스가 자기 능력을 까맣게 잊고 하녀의 손을 잡은 것이었어요. 그 순간, 하녀가 동작을 멈추고 딱딱하게 굳어가더니 급기야 황금 조각상이 되고 말았어요. 곁에 있는 사람들이 모두 비명을 질렀고 걸음아 날 살려라 하고 도망쳤어요. 그때부터 아무리 불러도 모두가 그의 곁에 있기를 거부했지요. 잡히기라도 하면 당장에 인간으로서의 생기를 잃고 황금 조각으로 굳어버릴 테니까요. 충성스러운 신하도 곁을 지켜주지 않았고 심지어 아내와 딸도 모두 미다스와 함께 있기를 두려워했어요. 이 세상에서 누구도 가질 수 없는 풍요로운 공간, 찬란한 황금의 궁전은 미다스 혼자만이 있는, 그 누구도 찾아오려고 하지 않는 절대 고독의 장소가 되고 말았어요.

그제야 미다스는 절실히 깨달았지요. 황금이 전부가 아니라는 것을요. 사실 그는 신비한 능력을 갖기 이전부터 모든 것을 황금을 기준으로 바라보고 있었지요. 자신과 가족, 백성들의 행복이 모두 황금에 달렸다고 생각했으니까요. 그의 마음은 온통 황금으로 가득 차 있었어요. 그는 나무, 숲과 같은 자연을 대할 때도, 백성들과 신하, 가족 등 사람을 대할 때도 어떻게 하면 황금을 얻을 수 있을까를 가장 먼저 고민했었던 거예요. 그래서 뒤오니소스가 물었을 때 주저 없이 모든 것을 황금으로 바꾸는 능력을 요구했던 거예요.

결국 미다스는 뒤오니소스에게 모든 것을 황금으로 바꾸는 능력을 없애달라고 간절히 기도했어요. 뒤오니소스는 그의 처지를 불쌍하게 여겨 기도를 들어주었지요. 팍톨로스강에 머리와 몸을 담그고 때를 밀면서 마음속의 욕망과 탐욕을 씻으라고 명령했습니다. 미다스는 강에서 그의 능력을 빡빡 씻어버렸지요. 그런데 그 이후로 팍톨로스강은 미다스의 몸에서 벗겨진

능력의 파편들 때문인지 금빛 모래와 사금이 많이 나기로 유명
해졌대요. 어리석은 사람들은 미다스의 불행을 헤아리지 못한
채 금을 채취하기 위해 꾸준히 몰려들었다고 합니다.

미다스의 손,
축복일까? 저주일까?

그런데 미다스만 그럴까요? 어쩌면 우리들 마음속에도 미다
스가 살아 있는 것 같아요. 흔히들 돈이 많으면 행복할 거라고
생각하니까요. 또 돈이 없으면 불행할 거라고 불안해하지요.
대개 미다스의 손을 성공의 대명사처럼 쓰면서 부러워하지만
좀 더 깊게 생각해 볼 필요가 있습니다.

우리가 돈이나 권력 같은 데 마음을 둔다면 모든 것을 돈이
나 권력의 관점에서만 보게 되지요. 그런 사람은 자연도 수익
과 권력의 관점에서 대할 테니 돈을 벌기 위해서 자연을 황폐
하게 만들 거예요. 옆에 있는 친구나 가족, 친지, 이웃 등도 모

두 그 사람 자체로 존중하고 배려하는 것이 아니라 돈과 권력의 관점에서 도움이 되는지 혹은 방해가 되는지로 평가하겠지요? 누가 그런 사람 곁에 있으려고 하겠어요. '저 사람은 돈과 권력의 관점에서 나를 이용할 생각만 하지, 저 사람과 가까이 지내는 것은 정말 위험한 일이야'라고 생각할 테니 말이에요. 그런 사람은 설령 뛰어난 실력으로 성공한다 해도 황금 궁전에 갇혀 절대 고독에 빠진 미다스와 같은 존재가 될 것 같아요. 곁에 그를 진정으로 아껴주고 사랑하는 사람이 없을 테니까요.

아, 한 가지 흥미로운 역사적 사실이 있습니다. 미다스가 소달구지를 묶어 놓았다는 매듭과 관련된 이야기인데요, 미다스가 얼마나 복잡하게 묶어 놓았는지 그 누구도 풀 수가 없었답니다. 그래서 그랬는지, 그 매듭을 푸는 사람이 아시아 전체를 지배할 것이라는 소문이 신탁처럼 돌았지요. 기원전 333년에 마케도니아의 알렉산드로스 대왕이 마침 그곳을 방문했지요. 그때 알렉산드로스는 그리스를 통합한 뒤, 페르시아를 정복하려는 원정을 감행하던 중이었습니다. 알렉산드로스는 그 매듭을 풀어 자신의 원정이 성공할 것인지를 확인하고 싶었습니다. 하지만 천하의 알렉산드로스도 매듭을 풀 수는 없었습니다. 고

심하던 알렉산드로스는 갑자기 칼을 뽑아 매듭을 향해 내리쳤지요. 그러자 매듭이 끊기면서 기둥에서 소달구지가 풀려났지요. 사람들은 알렉산드로스가 아무도 풀지 못하는 매듭을 기발하고 과감한 발상의 전환을 통해 풀었다고 감탄하며 알렉산드로스가 페르시아를 정복하고 아시아를 다스릴 거라고 환호했다고 합니다.

눈을 마주치면 돌로 변하는
메두사의 저주

      미다스의 손은 사람을 황금 덩어리로 만들었는데 그에 비해 메두사의 눈은 더 무서운 마력을 가지고 있었어요. 그녀의 눈과 마주치는 사람은 돌덩어리가 되었으니까요. 메두사는 포르퀴스와 케토의 딸로 세 자매 중 하나예요.

  조금 복잡하지만 이들의 가계도를 살펴볼게요. 태초에 최초로 나타난 신은 텅 빈 공허의 신, 혼돈의 신 카오스였어요. 그리고 그다음에 대지의 여신 가이아가 태어났지요. 가이아는 혼자서 자식들을 낳습니다. 처음엔 하늘의 신 우라노스를, 그다음엔 산의 신 우레아를, 그리고 바다의 신 폰토스를 낳아요. 가이아는 여신이었지만 하늘과 바다의 신은 모두 남신이었어요. 산의 신은 남성도 여성도 아니었대요.

가이아는 세상을 다채롭게 만들기 위해 하늘의 신 우라노스와도, 바다의 신 폰토스와도 짝을 이루어 자식들을 낳지요. 앞에서 하데스와 페르세포네 이야기를 할 때 가이아와 우라노스의 자식들, 땅과 하늘 사이에서 태어난 자식들의 이야기를 했지요? 이번에는 가이아와 폰토스 그러니까 땅과 바다 사이의 자식들 이야기를 해보겠습니다.

가장 먼저 태어난 신은 아들 네레우스였어요. 네레우스는 쉰 명의 딸을 낳았는데, 그중에는 트로이아 전쟁의 영웅 아킬레우스의 어머니 테티스가 유명해요. 그리고 둘째도 아들이었는데 그는 타우마스예요. 타우마스의 딸들 가운데 가장 유명한 이는 무지개의 여신 이리스가 있어요. 또 다른 딸로 아르케도 있지요. 그녀는 매우 빨리 달릴 수 있었대요. 제우스가 아버지 크로노스와 그 형제 티탄 신족들과 싸울 때, 이리스는 제우스의 편에 섰지만 아르케는 고민하다가 티탄 신족 편으로 달려갔어요. 그것은 잘못된 선택이었지요. 크로노스와 티탄 신족이 제우스와 올림포스 신들에게 패배했거든요. 제우스가 아르케를 가만둘 리 없지요. 그는 아르케의 날개를 잘라버린 후 땅속 깊은 곳 타르타로스에 넣었습니다. 셋째는 아들 포르퀴스이고, 넷째는 딸 케토였는데, 바로 이 둘 사이에서 메두사와 그 언니들, 고르곤 세 자매가 태어난 거예요. 다른 두 자매의 이름은 스테노와 에우뤼알레였지요. 그런데 이 둘은 불멸의 생을 타고났지만 어쩐 일인지 메두사는 신의 자녀이면서도 필멸의 운명이라는 약점을 가지고 있었대요.

필멸의 메두사는 치명적인 마력을 가지고 있었어요. 그녀의 눈은 매혹적이었지만 마주치는 사람을 돌로 만들었거든요. 그녀의 머리카락도 무시무시해요. 아니, 그녀에게 머리카락은 없고, 뱀이 머리카락처럼 달려서 꿈틀거리며 혀를 날름거리지요. 게다가 입에는 멧돼지처럼 날카로운 엄니가 나 있고 등에는 황금 날개도 달려 있었대요. 손은 강력한 청동으로 되어 있어 주먹을 휘두르면 바위도 부숴버릴 정도였습니다.

하지만 메두사는 원래는 매우 아름다운 여신이었답니다. 핀다로스라는 그리스의 시인은 '어여쁜 볼을 가진 메두사'라고 표현했고 오비디우스는 메두사가 '뭇 남성들이 사랑하던 아름다운 여신'이었다고 노래했어요. 특히 머릿결이 환상적으로 아름다웠답니다. 그런데 어쩌다가 메두사는 그렇게 무시무시한 괴물이 되었을까요?

너무 아름다웠던 게 문제였어요. 많은 남성이 그녀와 사랑을 나누고 싶어서 다가왔거든요. 그때마다 메두사는 남자들을 유혹하며 상대하는 척하다가 도도한 태도로 퇴짜를 놓으며 자신의 아름다움을 오만하게 즐겼답니다. 그런 메두사에게 여신들은 시기와 질투를 느꼈지만 메두사는 오히려 그 질시를 즐기는 것 같았어요. 그것이 곧 자기 아름다움의 탁월함을 증명하는 것이라고 생각했지요. 지혜의 여신 아테나가 메두사에게 경고했지만 아랑곳하지 않았어요. 오히려 자신의 머릿결을 자랑하듯 휘날리면서 항상 투구에 짓눌려 땀에 찌든 아테나의 머리카락을 비웃듯이 쳐다보곤 했지요.

하지만 메두사는 포세이돈의 손길만큼은 피할 수가 없었습니다. 메두사의 모습을 본 포세이돈은 여느 남성들처럼 그녀의 아름다움에 매료되고 말았습니다. 포세이돈은 메두사에게 달려들어 그녀를 품에 안고 아테나 여신의 신전으로 향했어요. 왜 포세이돈은 자기 신전을 두고 굳이 아테나 신전으로 갔던 걸까요?

포세이돈은 아테나에게 열등감이 있었거든요. 케크로피아라는 도시를 두고 아테나와 포세이돈이 경쟁했던 적이 있었는데, 올림포스 신들이 구경하는 앞에서 포세이돈이 보기 좋게 아테나에게 패배했기 때문이었지요. 포세이돈은 신들 앞에서 망신을 톡톡히 당했지요. 아마도 그때의 분이 풀리지 않아 메두사를 데리고 아테나 신전으로 갔던 것 같아요. 메두사와의 사랑으로 아테나 신전을 더럽혀서 그때의 모욕을 갚아주려고 했던 것일까요?

메두사는 포세이돈에게 크게 저항하지 못했어요. 힘에서 열세했기 때문일까요? 아니면 일부러 저항하지 않았던 것일까요? 포세이돈과 같은 강력한 힘을 가진 신의 연인이 된다는 것이 나쁘지 않았다고 생각했다면 그럴 수도 있을 것 같습니다. 아니면 포세이돈이 향하는 곳이 평소에 언제나 가르치려 들던 아테나의 신전이라는 것을 알고, 보복을 할 수 있겠구나 하고 생각했던 것일까요? 어떤 이유에서인지는 몰라도 메두사는 결국 포세이돈의 연인이 되고 말았고 그들의 결합은 아테나에게는 씻을 수 없는 모욕이 되었지요.

이 사실을 뒤늦게 알게 된 아테나 여신은 노발대발했지만 삼촌인 포세이돈에게 대놓고 따질 수가 없었던지 분노의 화살을 모두 메두사에게 돌렸어요. 평소에도 메두사의 아름다움에 질투를 느끼던 아테나는 주저 없이 그녀에게 저주를 퍼부어 괴물의 모습으로 만들었다고 합니다. 그리고 그 누구도 만날 수 없도록 메두사와 눈을 마주치는 이들은 모두 돌덩어리가 되게 하는 무시무시한 마법을 걸어버렸어요.

메두사가 아테나 여신에게 받은 벌은 너무 가혹한 것이 아닐까요? 메두사가 평소 행실이 좋았다고는 할 수는 없지만 만약 그녀가 포세이돈을 진심으로 사랑한 것이 아니라 포세이돈이 일방적으로 폭행을 저지른 것이라면 그녀도 분명 피해자인데 그렇게까지 저주를 퍼붓다니 부당한 것 같습니다. 그렇다면 메두사가 너무 불쌍하지 않나요? 그 뒤로 메두사에게 매력을 느끼고 다가섰던 많은 남자들은 눈이 마주치는 순간 돌덩이로 변하게 되어, 그녀가 살던 곳은 마치 조각 공원처럼 변했다고 합니다. 그녀는 더 이상 그 누구와도 사랑을 나눌 수 없게 되었고 얼굴을 맞대고 대화를 나누는 것조차 불가능해졌지요. 그녀는 모든 사람이 피하는 대상이 되고 말았습니다. 함께할 때 즐거웠던 언니들도, 사랑하는 부모님도 만날 수가 없었어요.

가장 불쌍한 것은 그녀의 죽음입니다. 메두사는 뮈케네를 세운 영웅 페르세우스의 칼날에 목이 베이고 말았지요. 그는 자기 어머니를 구하기 위해 메두사의 목을 베는 임무를 수행하게 되었는데 거의 '미션 임파서블'이었지요. 하지만 메두사를 언제나 눈엣가시로 여기던 아테나 여신의 도움으로 메두사를 제거할 수 있었습니다. 아테나 여신이 준 청동 방패를 거울 삼아 메두사가 자는 틈에 그녀에게 다가가 목을 벤 겁니다. 그러자 목이 잘린 그녀의 몸에서 크뤼사오르라는 전사와 날개 달린 말 페가소스가 튀어나왔어요. 둘은 모두 포세이돈의 자식이었지요. 페르세우스는 페가소스를 잡아 타고 다니면서 여러 가지 모험과 도전을 성공합니다. 그렇게 목숨을 잃은 메두사가 참 안 됐습니다만 어머니를 죽인 원수를 태우고 다녀야 했던 페가소스의 운명도 참 기구하다고 할 수 있겠네요.

메두사, 패션 브랜드의
강렬한 상징으로 남다

　그리스 로마 신화에 나오는 신이나 영웅, 심지어 괴물들까지도 오늘날 다양한 브랜드에 활용되곤 합니다. 패션 브랜드 중 마이클 잭슨, 엘튼 존, 브루스 스프링스틴 등 유명 아티스트들이 애호하던 브랜드 '베르사체Versace'가 있어요. 그런데 그 로고가 매혹적인데요. 엉클어진 것 같은 머리에 신비한 눈동자를 가진 여인, 바로 메두사예요. 1978년 이탈리아의 패션 디자이너 잔니 베르사체가 자신의 이름을 딴 베르사체라는 브랜드를 내놓고 1993년에 베르사체의 대표 로고로 메두사를 내놓았어요.

　그런데 왜 베르사체는 그런 무시무시한 여인 메두사의 얼굴을 자기 브랜드의 로고로 삼았을까요? 아마도 자신이 디자인한 옷을 사람들이 보는 순간, 마치 메두사의 눈과 마주친 것처럼 곧바로 매료되어 돌처럼 굳어졌으면 하는 소망이 담긴 것이 아닐까요? 신화 속 괴물 메두사가 그렇게 매력적인 패션 예술의 아이덴티티로 부활한 것은 지난날 억울하게 괴물이 되고 영웅에게 희생이 된 기구한 운명에 대한 보상이라고 생각해 볼 수도 있겠습니다.

조각상을 인간으로 만든
피그말리온

　　미다스의 손은 살아 있는 사람도 황금 조각상으로 만들어버렸어요. 그보다 더 무시무시한 건 바로 머리카락이 온통 뱀으로 꿈틀대는 메두사일 거예요. 오만한 자세로 자신의 아름다움을 자랑하다가 아테나 여신의 저주를 받아 괴물로 변해버리고 말았지요. 원한에 찬 메두사의 눈빛은 파멸의 힘을 갖게 되었어요. 그와 눈이 마주치는 사람은 모두 석상이 되어버렸으니까요.

　그들과 반대로 조각상을 살아 있는 사람으로 만든 이가 있었대요. 주인공의 이름은 피그말리온, 그는 지금의 튀르키예

아나톨리아 반도 남쪽, 시리아 서쪽에 있는 큰 섬나라 키프로스의 유명한 조각가였어요. 그가 사랑에 눈을 뜰 나이가 되었을 때 키프로스섬의 여자들은 그의 마음에 들지 않았어요. 외모도 그랬지만 특히 행실이 마음에 들지 않았어요. 정숙하지 못하고 수다스럽고 천박해 보였지요. 안 되겠다 싶었던 그는 직접 자신의 손으로 이상적인 여성을 탄생시키기로 했습니다.

먼저 눈처럼 하얗게 빛나는 값비싼 상아를 구하여 여인의 모습으로 조각했지요. 팔, 다리, 몸의 여러 부분을 따로따로 조각한 뒤 능숙하게 이어 붙여 아름다운 여인상을 만들었습니다. 자신이 원하던 여인의 모습을 완벽하게 구현하고 나니 마음에 쏙 들었어요. 그는 자기 작품에 반해 푹 빠져버렸습니다. 마치 살아 있는 애인을 대하듯 온 정성을 다해 사랑을 표현했지요. 살짝 입을 맞추기도 하고, 말을 걸고 대화하기도 하고, 상냥한 태도로 쓰다듬기도 했어요. 밖에 나갔다가 예쁜 장신구나 옷을 보면 아무리 비싼 값이라도 다 치르고 사서 조각상을 치장해주기도 하고, 예쁜 꽃을 보면 화관과 꽃다발을 정성껏 만들어서 조각상에게 선물하기도 했습니다. 밤이면 푹신한 침대에 누이고 베개를 받쳐주었고 자신은 바닥에 누워 잠들곤 했지요.

만약 실제로 이런 사람이 있다면 어떻게 보일까요? 아주 이상한 사람처럼 보일 겁니다. 그러나 많은 예술가가 주어진 현실에 만족하지 않고 현실 속에 깃든 미의 가능성을 찾아내 이상적인 작품으로 구현합니다. 그리고 작품 세계에 빠져들어 행복을 느끼곤 하지요. 현실에 대한 실망을 예술로써 극복하는 모습을 피그말리온이 고스란히 보여준다고 할 수 있겠네요. 어디 예술가뿐이겠습니까? 어쩌면 모든 사람들이 어느 정도는 피그말리온 같은 모습으로 살아가지 않을까요? 그래서 세상 사람 모두가 나름의 예술가라고 할 수 있을지도 모릅니다.

어쨌든 자신의 조각상을 너무나도 사랑한 피그말리온은 예전보다 더욱 심하게 여인들을 만날 수 없게 되었습니다. 사랑도 결혼도 생각하지 않게 되었지요. 오히려 조각상에 대한 사랑이 깊어가기만 했어요. 그러던 어느 날, 키프로스에 연례적으로 열리는 아프로디테의 축제 날이었어요. 피그말리온도 몸과 맘을 단정하게 하고 신전으로 가서 기도를 올렸습니다.

'신들이시여, 모든 것을 들어주실 수 있는 전능한 힘을 가지고 계신다면 제가 저의 상아 조각과도 같은 여인과 만나 결혼하게 해주세요'라고 기도했지요. 아니, 그의 진심은 사실 이런 것이었어요. '아프로디테시여, 저는 상아 조각 여인을 사랑합니다. 그가 인간이 되어 제 아내가 되게 해주세요.'

얼마나 조각상을 사랑했으면 조각상이 진짜 사람이 되어 아내가 되길 간절하게 원했을까요? 그런데 그런 일이 일어날 수 있을까요? 사실 피그말리온도 무슨 희망을 가지고 기도한 것은 아니었습니다. 그저 답답한 심정을 토로한 것 뿐이었지요.

목소리를 내지 않고 한 피그말리온의 기도는 아프로디테 여신에게는 들렸어요. 신이니까요. 일어날 수 없는 불가능한 일을 이루어달라고 기도한 것은, 그만큼 피그말리온이 아프로디테의 능력을 믿고서 희망을 건 것이잖아요. 아프로디테는 피그말리온이 기특하고 사랑스러웠습니다. 그리고 마침내 피그말리온의 소원을 들어주기로 했지요.

축제를 마치고 집으로 돌아온 피그말리온은 여느 때처럼 조각상에 다가가 인사를 하고 손을 잡았어요. 그리고 빙긋 웃었지요.

"나의 사랑하는 여인이여, 잘 있었어요? 내가 어디에 갔다온 줄 알아요? 오늘이 아프로디테 축제 날이잖아요. 그래서 아프로디테 신전으로 갔어요. 여신님께 아름다운 당신과 결혼하고 싶다고 기도했지요. 부질없는 일이었지만 기도하면서 실제로 이루어진다고 상상을 하니 얼마나 행복해지던지요."

　그렇게 말하는데 실제로 사랑 고백이라도 하는 것처럼 심장이 두근거리고 얼굴이 붉게 달아올랐어요. 그런데 이상한 일이 벌어졌지요. 조각상을 처음 잡았을 때의 느낌은 분명 딱딱하고 차가웠는데 점점 온기와 부드러운 촉감이 느껴졌던 거예요. 게다가 조각상이 그의 손을 잡는 것 같았어요. 화들짝 놀란 피그말리온은 얼른 손을 빼고 뒤로 물러났어요. 조각상이 점점 변하는 것이 느껴졌어요. 그는 눈을 비비다가 다시 부릅뜨고 조각상 가까이 다가갔어요. 하얀 상아의 표면에 살갗의 윤기가 느껴졌고, 그의 거친 호흡에 머리카락이 살랑거리는 것 같았어요. 정말 기도가 이루어진 걸까요?

　피그말리온이 조각상의 가슴에 손을 대니 상아의 딱딱함은 사라지고 부드럽고 말캉한 피부가 느껴졌으며, 피부 아래로 뛰는 심장박동이 손끝으로 전해졌어요. 그리고 팔과 손을 잡자 그의 동작에 따라 조금씩 움직이는 것이 보였어요. 피부 아래의 혈관이 고동치고요. 얼굴을 바라보는 순간, 굳어 있던 조각상의 입이 실룩거리며 움직이는 것이었어요!

"당신이 정말 나의 기도대로 인간이 된 건가요?"

사람이 된 여인은 피그말리온을 보고 아무 말 없이 살짝 미소를 짓더니 호기심에 가득 찬 눈으로 사방을 두리번거렸어요. 갑자기 사람이 된 조각상도 이게 웬일인가 싶었겠지요? 이것이 꿈인가 싶었던 피그말리온은 반신반의하면서도 기적을 받아들일 수밖에 없었고, 여인 앞에 무릎을 꿇고 눈물을 흘리면서 아프로디테 여신에게 감사의 기도를 드렸어요. 그리고 조각상에서 사람이 된 여인에게 이름을 지어주었어요.

"당신은 우유처럼 하얗고 뽀얀 피부를 가졌고 평온한 바다처럼 조용하니까 '갈라테이아'라고 하겠어요."

그리스말로 '우유'를 '갈라Gala'라고 하고 '조용함'을 '갈레네Galene'라고 하거든요. 바다의 노신老神 네레우스의 쉰 명의 딸 중 하나의 이름이 갈라테이아였는데, 피그말리온은 자신의 여인이 바다의 요정과 같다고 생각했는지 그런 이름을 붙여주었어요. 나중에 둘은 결혼식을 올렸고, 아프로디테도 몰래 자기 모습을 감추고 동네 여인으로 변신한 뒤 참석하여 아낌없이 축하해주었다고 하네요.

피그말리온의 사랑,
해피엔딩이라고 할 수 있을까

황금에 대한 미다스의 욕망은 그가 만지기만 해도 살아 있는 사람을 딱딱하게 굳어 조각상으로 죽게 만들었고, 오만과 증오에 찬 메두사의 눈은 마주치는 사람들을 모두 석상으로 만드는 파괴적인 힘을 가지고 있었지만, 조각상에 대한 사랑이 가득했던 피그말리온의 정성은 조각상에 생기를 불어넣어 사람으로 만들었어요. 이를 두고 하버드대학의 로즌솔 교수는 '피그말리온 효과'라는 말을 만들어냈어요. 아무리 보잘것없어 보이는 사람도 사랑과 정성으로 보살펴주면 훌륭한 사람으로 거듭날 수 있다고 주장하면서요. 우리 또한 곁에 있는 모든 사람에게 피그말리온 같은 존재가 될 수 있다면 좋겠지요?

그런데 또 한편 생각을 달리해보면 조금은 찜찜한 구석이 있어요. 사람이 된 갈라테이아는, 그녀는 정말 우리가 생각하는 것처럼 행복했을까요? 사람으로 살아간다는 것이 마냥 행복하기만 했을까요? 조각상이었다가 갑자기 인간이 되어 살아

간다는 것이 신의 축복이었을까요? 어쩌면 그냥 아무런 느낌도 생각도 없이 침묵하는 조각상으로 있었던 것이 나았을지도 모르잖아요? 사실 미다스가 부를 쌓고 싶어 하는 욕망 때문에 모든 것을 황금으로 만든 것이나, 피그말리온이 애인을 갖고 싶은 욕망에 조각상을 인간으로 만들었던 것이 어쩌면 다 같은 일이 아닐까요? 만약 미다스와 피그말리온이 본질적으로 다르다면 어떤 점에서 다르다고 할 수 있을까요? 한번 생각해 봐야 할 부분입니다.

일 년 열두 달 명칭의 유래

일 년은 열두 달로 이루어져 있습니다. 1월, 2월, 이런 식으로 보통 숫자로 달을 부르지요. 하지만 우리 조상들은 열두 달 가운데 1월, 11월, 12월에 대해서만 각각 정월, 동짓달, 섣달이라는 이름을 붙였어요.

1월은 한자로 바를 정正 자를 써서 정월正月이라고도 부릅니다. 정이라는 한자에는 '바르다, 바로잡는다'라는 뜻도 있지만 '처음'이라는 뜻도 있기 때문이래요. 그래서 정월이라고 부른다고 설명하기도 합니다. 아마도 모든 일의 처음이 바로 서야 그 이후의 남은 것도 바른 쪽으로 간다는 의미가 있는 것 같아요. 그런데 옛날의 왕조는 기존의 왕이 바뀌면 그 이듬해 1월에 연호年號, 즉 새로운 왕의 이름을 따서 연도를 표기했는데 이것을 두고 '연호를 바로잡는다'라고 했고, 그래서 1월을 연호를 바로잡는正 달月이라는 뜻으로 정월이라고 했다는 설명도 있어요.

11월 동짓달은 동지冬至가 있는 달이라서 그렇게 부르지요. 동지는 이십사절기 중의 하나로 일 년 중에 낮이 가장 짧고 밤이 가장 긴 날이에요. 양력으로 따지면 대략 12월 22일이나 23일인데, 음력으로는 11월에 해당해서 예로부터 그렇게 부른 거지요.

12월은 섣달이라고 불렀습니다. 여기엔 복잡한 사연이 있다고 해요. 섣달은 '설날이 들어 있는 달'을 뜻하는데 지금 우리가 아는 설날이 있는 달은 1월, 즉 정월이잖아요? 그런데 아주 옛날에는 12월의 첫날을 설날로 지냈던 적이 있대요. 따라서 그 이름이 그대로 남아 있는 거라고 하네요. 그래서 나중에 1월 첫날을 설날로 지내게 되면서도 12월을 그냥 섣달로 불렀다는 거예요. 그런데 왜 한 해의 첫날을 설날이라고 불렀을까요? '낮설다'라는 말에서 '설'이 왔다는 설명이 있어요. 첫날, 모든 처음은 낮설기 때문에 설날, 섣달이라고 부르는 거래요. 단 '설'이 '생겨난다'는 뜻과 통한다는 설명도 있는데, 막 태어났기 때문에 아직 무르익지 않은 상태를 가리킬 때도 쓴대요. '설익다'라는 표현도 여기에서 왔다는 거예요.

그러면 서양은 어떨까요? 서양에서는 열두 달 가운데 1월부터 8월까지는 특별한 의미가 있는 이름이 붙었고, 9월부터 12월까지는 숫자를 붙인 이름이에요. 이 이름은 모두 로마가 제국이 되는 시점에 정해진 거래요. 그런데 특이한 것은 그 숫자가 9에서 12까지와 맞지 않는다는 거예요. 9월은 September라고 하는데 Septem은 로마인들이 쓰던 라틴어로 9가 아니라 7을 가리켜요. 그다음도 마찬가지예요. 10월을 가리키는 October에서 Octo는 10이 아니라 8을, 11월을 가리키는 November에서 Novem은 11이 아니라 9를, 12월을 가리키는 December에서 Decem은 12가 아니라 10을 의미하거든요. 왜 이런 일이 벌어진 것일까요?

로마의 달력을 처음 만든 사람은 로마를 세운 로물루스인데 그는 1년을 열두 달이 아닌 열 달로 생각했대요. 1월과 2월을 추워서 옴짝달싹 못하는 시간이라고 생각해서 특별히 달력에 넣지 않았다는 겁니다. 그러다가 1월과 2월을 포함시키면서 9월에서 12월이 두 자리씩 뒤로 물러나게 된 거지요. 그러면 숫자를 바꾸는 방법이 가장 좋은 것 같은데 고대 로마인들은 그렇게 불편하지 않았나 봐요. 반면 1월에서 8월까지는 특별한 이름이 붙었고 특히 1월에서 6월까지는 신화 속 인물들의 이름이 더해졌어요.

　　먼저 1월은 영어로 January라고 하는데 이 명칭은 로마의 야누스Janus의 이름에서 왔습니다. 야누스는 두 얼굴을 가졌는데 뒤통수에도 얼굴이 있지요. 그래서 앞과 뒤를 동시에 볼 수 있는 능력을 가졌대요. 야누스는 흔히 문門의 신이라고 하는데 라틴어로 문을 야누아Janua라고 해요. 잘 보면 문도 두 개의 얼굴을 가지고 있지요. 밖을 향하는 얼굴과 안을 향하는 얼굴. 문이 안에서 밖으로 나가고, 밖에서 안으로 들어오는 통로가 되지요. 1월에는 시간의 문을 열어 한 해를 새롭게 연다는 의미가 있기 때문에 로마인들은 1월을 '야누스의 달'이라고 생각했던 겁니다.

2월은 February라고 하는데, 이는 로마 신화에서 더럽고 낡을 것을 몰아내고 모든 것을 깨끗하게 하는 정화의 여신 '페브루아Februa의 달'이라는 뜻이에요. 한 해가 시작되면 마음을 바로잡고 새롭게 시작해야 한다는 의미를 2월에 담아낸 것입니다.

3월은 March라고 하는데 로마 신화 속 전쟁의 신 마르스Mars의 이름에서 온 겁니다. 그리스 신화에서는 아레스에 해당해요. 그런데 아레스가 전쟁만을 담당하는 반면 로마의 마르스는 농사의 신이기도 하지요. 겨울이 지나고 봄이 오는 3월이면 농부들이 새롭게 일을 시작하는데 이때 농부들이 풍작을 거둘 수 있도록 돕는 신이 마르스입니다. 마르스는 봄과 연결되기 때문에 청춘의 신이기도 하고요. 또 농부들이 농사에 집중하려면 국방이 튼튼해야겠지요? 더불어 전쟁이 일어나면 농사를 하던 남자들은 모두 무기를 들고 나가 싸워야 합니다. 그때 돕는 신도 마르스예요. 그래서 마르스는 농사의 신이면서 동시에 전쟁의 신이기도 하지요.

4월은 April이라고 하는데 그리스 신화에서 가장 아름다운 사랑의 여신 아프로디테Aphrodite의 이름에서 왔다고 합니다. 로마인들은 꽃이 만발한 4월을 일 년 중 가장 아름다운 달이라고 생각했던 것이겠지요.

5월의 May는 그리스 신화에서 어린아이들을 돌보는 신 마이아의 이름에서 왔대요. 마이아는 전령의 신 헤르메스의 어머니이기도 하지요. 우리도 5월 5일을 어린이날로 기념하는데 우연치 않게 마이아와 잘 어울리는 것 같습니다. 싹이 트고 꽃이 피면서 만물이 본격적으로 성장의 시기를 맞이하게 되는데 그것이 바로 5월입니다. 그래서 성장을 돌보는 마이아 여신의 달이라고 할 수 있겠지요?

6월의 June은 로마 신화에서 신들의 여왕의 자리에 있는 유노Juno 여신의 이름에서 왔어요. 그리스 신화에서는 헤라에 해당해요. 로마인들은 6월을 계절의 여왕이라고 생각했던 모양이네요.

7월의 July는 로마 역사에서 로마의 영토를 획기적으로 확장하고 로마가 제국이 되는 기틀을 마련한 위대한 정복자 율리우스 카이사르Julius Caesar의 이름에서 온 것입니다. 로마인들이 카이사르를 얼마나 존경하는지를 알 수 있겠지요? 율리우스는 카이사르를 배출한 가문의 시조인 이울루스Iulus의 이름에서 온 것인데, 이울루스는 로마의 실질적 시조인 아이네아스의 아들입니다. 로마인들은 로물루스가 로마라는 이름을 가진 나라를 세웠지만 그 나라의 뿌리는 로물루스의 16대 할아버지 아이네아스에게 있다고 본 것이지요. 그런데 아이네아스는 트로이아 전쟁에서 트로이아 편에서 싸우던 트로이아의 왕족이며 전사였어요. 그리스 연합군에게 트로이아가 멸망하자, 아이네아스는 살아남은 트로이아인들을 모아 이탈리아반도로 와서 나라를 세웠고 그 자손들이 결국 로마를 세웠다고 합니다. 그러니까 카이사르가 아이네아스의 자손인 셈이지요.

8월의 August는 로마 제국을 세우고 최초의 황제가 된 아우구스투스Augustus의 이름에서 왔어요. 아우구스투스도 율리우스 가문 출신이며 카이사르의 양아들이자 후계자였지요. 그는 자신의 권위와 위엄을 세우기 위해 자신의 이름을 달의 이름에 넣었고, 자기 가문의 이름이자 양아버지인 카이사르를 기리기 위해 7월의 이름을 July라고 붙였던 겁니다.

지금까지 일 년 열두 달 명칭의 유래를 살펴보았습니다. 특히 1월부터 6월까지, 그리스 로마 신화의 인물의 이름에서 나온 달의 이름을 지금까지 사용하고 있는 서양인들은 적어도 일 년의 반은 신들과 함께 살고 있다고 할 수 있겠지요?

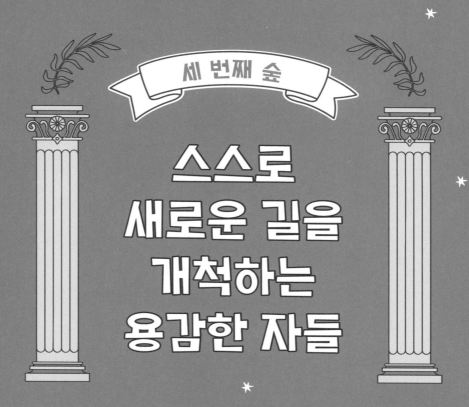

세 번째 숲

스스로
새로운 길을
개척하는
용감한 자들

페가소스를 탄
페르세우스의 모험

신들의 세계를 제패한 제우스는 인간 세계로 눈을 돌려 위대한 문명을 세우고 싶었습니다. 본인의 아들이 그 주인공이길 바랐지요. 제우스가 선택한 여인은 다나에였어요. 아르고스의 왕 아크리시오스의 딸이었습니다. 그런데 그녀는 어두운 지하에 묻힌 단단한 청동의 방 안에 갇혀 있었어요. 아버지인 아크리시오스의 짓이었는데 이는 불길한 신탁 때문이었어요.

"그대의 딸 다나에가 아들을 낳으면 그 아들의 손에 그대가 죽을 것이다."

신탁을 듣고 아크리시오스는 덜컥 겁이 났습니다. 그래서 땅속에 청동 방을 만들고 다나에를 집어넣었지요. 그렇게 갇혀 있는 다나에가 제우스의 눈에 띄었던 겁니다. '저렇게 아름답고 지혜로운 여인을 땅속에 가두다니, 내가 구해줘야겠군! 저 여인은 그리스에 멋진 문명 세계를 세울 훌륭한 영웅을 낳을 거야!'

하지만 땅속에 묻혀 있는 청동의 방이니 제우스라도 쉽게 접근하기 힘들었습니다. 제우스는 묘안을 찾아냈지요. 황금빛 소나기로 변신하여 방 안으로 스며들었던 겁니다. 개미 한 마리 얼씬 못하게 만든 청동 방이었지만 물 샐 틈은 있었던 거예요. 황금 빗물은 다나에의 몸 위로 뚝뚝 떨어졌습니다. 그러자 놀랍게도 다나에가 임신을 했어요! 그렇게 태어난 아이가 바로 페르세우스입니다. 열 달이 지나 청동 방에서 아이 우는 소리가 우렁차게 울리자 아크리시오스는 깜짝 놀랐습니다.

"아니, 청동 방에 갇힌 네가 어떻게 아들을 낳을 수 있다는 말이냐? 누가 감히 그곳으로 들어간 것이냐? 어떤 놈이냐?"

"아버지, 이 아이에게 손대지 마세요. 제우스의 아들입니다. 그분이 황금 소나기로 변신하여 저를 찾아오신 거예요."

"네가 감히 나를 속이려고 하느냐? 어떤 놈과 놀아나고서 너의 죄를 감추려고 거짓말을 지껄이느냐?"

아크리시오스는 당장에라도 아이를 죽이고 싶었습니다. 하지만 행여 다나에의 말대로 제우스의 아들이라면 큰 벌을 받을 수 있다고 생각하니 멈칫했습니다. 딸의 말을 의심하면서도 무조건 무시할 수는 없었죠. 고민하던 아크리시오스는 커다란 나무 궤짝 안에 딸과 손자를 집어넣고 바다에 던졌습니다.

다나에와 페르세우스를 태운 나무 궤짝은 세르포스라는 섬에 닿았습니다. 페르세우스는 무럭무럭 자라나 어엿한 청년이 되었지요. 그런데 세르포스섬을 다스리던 폴뤼덱테스 왕은 다나에와 결혼하고 싶어 했습니다. 하지만 다나에는 이를 거부했어요. 페르세우스를 잘 키우는 것을 삶의 목적으로 생각했던 거예요. 그러자 폴뤼덱테스는 결혼에 방해가 되는 페르세우스를 없애버리려고 했습니다. 다나에를 포기하고 다른 여인과 결혼하겠다고 하여 거짓말로 사람들을 궁전으로 모이게 한 뒤, 교묘한 함정을 파서 페르세우스가 메두사의 머리를 잘라 와야 하게 만들었어요.

"알겠습니다. 내가 메두사의 머리를 잘라 오면 되는 거지요?

그러면 더 이상 나의 어머니를 괴롭히지 마세요!"

페르세우스는 비겁하게 물러서지 않고 당당하게 맞섰지요. 하지만 걱정이 태산이었습니다. 메두사의 눈과 마주치는 사람은 돌로 변해버리는데 과연 그 머리를 자를 수 있을까요? 그래도 모험과 도전은 페르세우스의 심장을 두근거리고 떨리게 만들었지요. 그런 그에게 든든한 응원군이 찾아왔습니다. 아테나와 헤르메스였지요.

"걱정 마라, 나는 너의 누이 아테나다. 아버지 제우스께서 우릴 여기로 보냈다. 청동 방패 아이기스를 빌려주마. 반짝반짝 빛나는 이 방패를 거울 삼아 메두사에게 다가가면 눈을 마주치지 않고 그의 목을 벨 수 있을 것이다."

"난 네 형 헤르메스다. 여기 날카로운 불멸의 청동 칼, 하르페가 있다. 이것으로 메두사의 목을 치거라. 나도 이걸로 아르고스의 목을 자른 적이 있다."

헤르메스와 아테나의 도움으로 페르세우스는 메두사가 사는 곳까지 찾아갈 수 있었고 그의 목을 자를 수 있었지요. 목은 잘렸지만 머리에 달린 눈은 여전히 사람들을 돌로 만들어버리는 힘을 가지고 있었기 때문에 키비시스라는 두꺼운 가방에 넣어서 조심스럽게 다뤄야 했습니다. 그런데 목이 잘린 메두사의 몸에서 놀라운 일이 일어났어요. 날개 달린 말 페가소스와 황금 칼을 가진 거인 크뤼사오르가 튀어나온 거예요. 이들은 포세이돈과 메두사의 자식들이었지요.

페르세우스는 페가소스를 잡아 그 위에 올라탔습니다. 갓 태어난 페가소스는 깜짝 놀라 날개를 퍼덕이며 하늘로 날아올랐어요. 페르세우스는 처음엔 무서웠지만 곧 익숙해졌고 하늘 높이 올라가 빠른 속도로 허공을 가르며 날아가자 너무나 신이 났습니다. 곧 어머니를 만날 걸 생각하니 기분이 너무 좋았습니다.

한참을 날아가는데 이상한 광경이 눈에 들어왔습니다. 그곳은 아프리카 에티오피아의 바다였어요. 육지에서 떨어진 바위섬에 한 여인이 묶여 있는 거예요. 바다 괴물이 주위를 돌면서 그녀를 잡아먹으려고 입을 쩍 벌리고 위협하고 있었지요. 그녀는 에티오피아의 왕 케페우스와 왕비 카시오페이아의 딸, 안드로메다 공주였어요. 카시오페이아의 오만한 태도로 인해 내려진 벌을 딸 안드로메다가 받고 있었던 겁니다.

"바다의 신 네레우스의 쉰 명의 딸들이 아무리 아름다워도 나보다는 못할 거야." 카시오페이아의 말을 들은 네레우스의 딸들이 분노하여 바다의 신 포세이돈에게 찾아가 카시오페이아를 혼내달라고 간청했어요. 포세이돈은 에티오피아에 바다 괴물을 보냈고, 그놈은 배를 부수고 농토를 짓밟았으며 사람까지 잡아먹었어요. 어떻게 해야 사람들이 재앙에서 벗어날 수 있을까요? 신탁이 내려졌어요.

"네레우스 딸들의 분노를 달래고 바다 괴물을 물러나게 하려면 안드로메다 공주를 괴물의 먹이로 바쳐라."

그래서 안드로메다가 바위섬에 묶여 있었던 거예요. 페르세우스는 페가소스를 타고 쏜살같이 하늘에서 바다 괴물을 향해 돌진했고, 그놈의 등에 날카롭고 강력한 하르페를 내리꽂았어요. 급소를 찔린 바다 괴물은 즉사했지요. 페르세우스는 안드로메다를 아내로 맞이하고 결혼식을 올렸어요.

그런데 안드로메다에게는 약혼자가 있었어요. 이름은 피네우스, 케페우스 왕의 동생이었지요. 안드로메다가 위험에 처해 있을 때는 나 몰라라 하고 비겁하게 숨어 있다가 이제 나타나서 뻔뻔하게 결혼을 방해하는 거예요. 군대를 몰고 결혼식장에 난입했지요. 페르세우스는 그들을 혼자서 감당하기 힘들자, 키

비시스 가방에서 메두사의 머리를 꺼내 피네우스 무리들에게 내밀었지요. 칼과 창을 들고 난동을 부리던 피네우스 일행은 메두사의 눈을 보자 모두 돌로 굳어버렸어요. 다행히 다른 사람들은 페르세우스가 눈을 감고 엎드리라고 외치는 소리를 듣고 그대로 행동해 무사할 수 있었지요.

케페우스는 페르세우스에게 에티오피아에 남아 왕이 되어 달라고 부탁했어요. 얼마나 좋았을까요? 왕이 되어 권력을 잡고 넓은 영토를 다스리는 일은 어려운 도전과 모험을 성공적으로 끝낸 페르세우스에게 선물과도 같았습니다. 하지만 페르세우스는 달콤한 제안을 거절했지요. 세르포스섬에서 자기를 기다리는 어머니에게 돌아가야 했던 거예요. 페르세우스가 에티오피아에 머문다면 어머니는 폴뤼덱테스와 결혼을 해야만 했으니까요. 페르세우스는 케페우스의 제안을 정중하게 거절하고, 안드로메다와 함께 페가소스를 타고 세르포스섬으로 돌아왔지요. 폴뤼덱테스는 페르세우스가 돌아온 것을 보고도 믿을 수가 없었어요.

"아니, 네가 어떻게 살아서 돌아왔느냐? 메두사에게 가지 않았구나?"

"아닙니다. 저는 약속대로 메두사에게 갔고 그의 머리를 베고 왔습니다."

"거짓말하지 마라! 메두사와 마주쳐서 살아남은 사람은 단 한 명도 없다!"

"여기 이 키비시스 가방 안에 메두사의 머리가 있습니다."

"내가 속을 줄 아느냐? 호박 덩어리를 넣어놓고 거짓말을 하다니! 여봐라! 저놈을 잡아 당장 옥에 가두어라!"

"제 말을 믿지 못하시다니, 그럼 보여드리겠습니다. 어머니 그리고 부인, 눈을 감고 엎드리시오. 그리고 살고 싶은 사람은 모두 이분들처럼 하시오!"

폴뤼덱테스는 페르세우스의 외침을 비웃으며 꼿꼿이 왕좌에 앉아 있었고 병사들은 명령에 따라 페르세우스에게 달려들었습니다. 페르세우스는 키비시스에서 메두사의 머리를 꺼내 들었지요. 그러자 페르세우스의 말을 믿지 않던 폴뤼덱테스 일당은 모두 돌덩어리가 되어버렸습니다.

세르포스섬 사람들은 어려운 모험과 도전에 성공한 용감한 페르세우스에게 왕이 되어 달라고 부탁했지요. 하지만 페르세우스는 이번에도 권력을 욕심내지 않았습니다. 그는 세리포스섬에 도착한 순간부터 성인이 될 때까지 자기를 정성껏 돌봐주고 어머니를 지켜주었던 닥튀스에게 왕위를 맡겼습니다. 사실 닥튀스는 해안에서 어부로 살고 있었지만 폴뤼덱테스의 동생이었습니다. 권력을 독차지한 형에게 쫓겨나 어부로 살고 있었지요. 닥튀스는 페르세우스의 뜻을 따라 세리포스의 왕이 되어 훌륭한 통치를 펼쳤다고 합니다.

페르세우스는 어머니, 아내와 함께 드디어 자기 고향인 아르고스로 돌아갔습니다. 이 소식을 들은 할아버지 아크리시오스는 깜짝 놀랐지요. 새삼 외손자 페르세우스의 손에 죽게 되리라는 신탁이 떠올랐던 겁니다. 두려움에 사로잡힌 그는 외손자를 맞이하고 지난날 자기 잘못을 사죄하면서 용서를 구하는 대신, 목숨을 구하기 위해 이웃 나라로 달아났지요.

때마침 페르세우스는 한 왕국에서 열린 추모 운동경기에 참여하여 원반던지기를 했는데, 그가 던진 원반은 운동장을 벗어나 관중석으로 향했지요. 그리고 한 사람이 원반에 맞아 죽게 됩니다. 누군지 아시겠지요? 바로 아크리시오스였습니다. 죽는 순간 아크리시오스는 무슨 생각을 했을까요? 차라리 신탁을 무시하고 페르세우스를 잘 키웠다면 어땠을까요? 그럼에도 불구하고 신탁은 이루어졌을까요?

할아버지가 신탁에 따라 자기 손에 죽게 된 것을 안 페르세우스는 아크리시오스의 장례식을 정중하게 치르고 도시 바깥에 매장했어요. 아르고스 사람들은 페르세우스를 왕의 혈통으로 인정하고 왕으로 삼으려 했지만 그는 이번에도 권력에 대한 욕심을 버리고 아르고스를 떠났습니다. 할아버지를 죽인 자가 할아버지의 나라를 다스릴 수는 없다는 이유 때문이었지요.

그는 아르고스를 떠나 가까운 튀린스 왕국으로 갔어요. 그곳은 아크리시오스의 쌍둥이 형제였던 프로이토스가 다스리던 땅이었는데, 페르세우스가 찾아갔을 때는 프로이토스의 아들 메가펜테스가 왕이었지요. 그러니까 페르세우스와 메가펜테스는 육촌 형제였어요. 둘은 오랫동안 이야기를 나눈 끝에 메가펜테스가 아크리시오스의 아르고스를 다스리고, 페르세우스가 프로이토스의 튀린스를 다스리기로 하며 왕국을 맞바꾸기로 합의했습니다. 당시에는 아르고스가 훨씬 큰 나라였기 때문에 메가펜테스도 만족했고, 페르세우스는 새로운 시작을 할 수 있어서 기뻤습니다. 그동안 여러 차례 권력을 얻을 기회가 있었지만 그것에 집착하지 않았던 페르세우스에게 세상을 다스려 나갈 본격적인 기회가 주어진 것이지요.

이렇게 튀린스를 다스리게 된 페르세우스는 뮈케네를 새롭게 세우고 도성을 쌓은 다음, 그곳을 중심지로 하여 튀린스를 더욱더 넓게 확장했고 중심지인 뮈케네를 강력한 도성으로 키워나갔습니다. 그리고 이곳을 중심으로 본격적인 그리스 문명이 시작되었지요. 이렇게 뮈케네 문명이 꽃피어나면서 인간 세계에 문명을 세우려고 했던 제우스의 뜻이 이루어졌습니다.

위대한
뮈케네 문명의 탄생

고대 그리스 문명은 에게해 남쪽 커다란 섬 크레타에서 시작되었습니다. 대략 기원전 3100년경의 신석기 문명으로부터 발전하여 기원전 1900년경부터 지어진 크노소스 궁전을 중심으로 청동기 문명을 활짝 꽃피워냈지요. 이들은 섬나라의 한계를 넘어 배를 타고 인근 나라들을 비롯한 발칸반도 남쪽(지금의 그리스)과 아타톨리아 반도 서쪽(지금의 튀르키예)의 여러 해안 도시를 지배하며 해상 강국으로 발전했어요. 이 문명을 미노아 문명 또는 미노스 문명이라고 하는데, 미노스는 제우스와 에우로페 사이에 태어난 영웅으로 크레타를 다스리던 왕의 이름이었어요. 그리스 문명의 출발점이면서 동시에 유럽 문명의 요람이었습니다. 미노스의 어머니 이름 에우로페Europe는 '유럽'이라는 이름의 기원이었지요.

잘 나가던 미노스 문명은 기원전 1350년을 전후로 급격하게 기울어져 갔어요. 북쪽에 있는 테라섬(지금의 산토리니)에서 엄청난 규모의 화산 폭발이 있었는데, 그로 인해 발생한 쓰나미가 크레타섬 북쪽을 강타하면서 미노스 문명의 중심지였던 크노소스 궁전이 파괴되었다고 합니다. 그렇게 자연재해로 인해 큰 피해를 입고 힘을 잃은 사이, 북쪽의 뮈케네 문명을 이룬 세력이 크레타섬을 공격했지요. 이로써 에게해 문명의 주도권은 크레타섬의 미노스 문명에서 뮈케네 문명으로 넘어갔습니다.

뮈케네 문명을 세운 이가 바로 제우스와 다나에의 아들 페르세우스입니다. 뮈케네 문명은 기원전 1750년경에서 1050년 사이에 전성기를 누렸다고 합니다. 미노스 문명을 누르고 에게 해의 패권을 차지하였지요. 나중에 뮈케네의 왕 아가멤논은 그리스 전역의 군주와 전사들을 모아 대규모 연합군을 구성한 후 트로이아를 공격하였습니다. 그리스 로마 신화와 역사에서 가장 유명한 트로이아 전쟁을 일으킨 것이지요. 그때 아가멤논이 그리스 연합군의 총사령관이었다고 하니, 뮈케네 문명의 위세가 얼마나 컸는지를 알 수 있겠지요? 다만 앞에서 언급했듯 아가멤논은 트로이아 전쟁을 승리로 이끌고 뮈케네로 개선했지만 아내에게 암살당했답니다. 그 이후로 뮈케네의 힘은 약해졌고 그리스 세계 전체가 문명의 암흑기를 겪게 되었습니다.

여자 사냥꾼
아탈란타의 끝없는 도전

이 세상에는 다양한 사람들이 서로 어울려 살고 있습니다. 다양성이 존중되면 조화로운 세상이 되지만 차별과 편견이 개입되면 억압과 폭력이 세상을 지배하게 됩니다. 장애인에 대한 차별, 빈부 격차에 따른 차별, 피부 색깔과 인종 차별, 지연과 학연, 혈연에 따른 차별, 남녀 차별 등 수많은 차별이 이 사회를 힘들게 만들지요.

먼 옛날 그리스 사회에서도 많은 차별이 있었습니다. 특히 남녀 차별은 지금으로서는 상상도 안 될 정도였지요. 남성만이 시민으로서 활동할 수 있었던 것이 대표적인 차별이라고 할 수 있지요. 여성들은 시민으로 인정받지 못했고 정치적인 활동을 전혀 할 수가 없었어요. 투표권도 없었고 공직에 나가 일을 할 수도 없었으며 사회적 역할도 매우 제한적이었지요. 여성들에 겐 오직 가사와 육아의 일이 전부인 것처럼 여겨졌어요.

그 시절 그리스 아르카디아에 이아소스라는 왕이 살았습니다. 그는 왕위를 물려줄 아들을 꼭 갖고 싶었지요. 그러나 그의 기다림은 열매를 맺지 못했어요. 딸이 태어났거든요. 이아소스 왕은 실망했고 급기야 분노했습니다. 분을 이기지 못한 이아소스는 신하들에게 명령을 내렸어요.

"아들이 아니라 쓸모없는 딸이라니! 이 아이를 당장 숲속 깊이 내다 버려라!"

딸이라고 버리다니, 생명을 귀하게 여길 줄 모르는 참 못된 아버지입니다. 하지만 신들은 그녀를 지켜주었어요. 특히 아르테미스 여신이 그녀를 눈여겨보았지요. 그리고 암곰 한 마리를 보냈어요. 암곰은 숲속에 버려진 아이를 데려가다가 정성껏 보살피며 젖을 먹였습니다. 아이는 곰을 보고 방긋 웃었지요.

어느 날, 숲속에서 사냥하던 사냥꾼들이 곰의 품에 안겨 있는 여자아이를 발견하고는 위험하다고 생각했는지 곰이 자리를 비운 사이에 아이를 구해 자신들의 근거지로 데려갔어요. 그때부터 아이는 사냥꾼들의 틈에서 무럭무럭 씩씩하게 자라났습니다. 어려서부터 산과 들과 숲을 뛰어다니며 사냥하는 법을 배우며 자란 여자아이는 훌륭한 사냥꾼으로 성장했지요. 남자들도 놓치는 사냥감도 소녀의 화살에 맞아 쓰러지곤 했어요.

"야, 너 대단한걸! 너의 사냥 솜씨는 어떤 남자 사냥꾼에게 견주어도 부족함이 없구나! 이제부터 너의 이름을 '아탈란타'라고 해야겠다."

'아탈란타Atalanta'는 '동등한 무게를 가진 자'라는 뜻이었어요. 이를테면 양팔 저울의 한쪽 접시에 그녀를 올려놓고 다른 접시에 그 어떤 남자를 올려놓아도 남자 쪽으로 절대로 기울어지지 않는다는 뜻이었어요.

아탈란타는 여성으로서의 매력도 차고 넘쳤어요. 숲속을 뛰어다니던 반인반마 켄타우로스들 가운데 로이코스와 휠라이오스가 아탈란타의 아름다움에 반해 다가왔지요. 하지만 그녀는 그 관심이 전혀 달갑지 않았고 그들의 접근을 허용하지도 않았어요. 그녀는 아예 남성들과의 사랑도 결혼도 생각지 않았어요. 숲의 여신 아르테미스처럼 순결을 지키며 오로지 사냥에

251

만 전념했지요.

하지만 두 켄타우로스는 포기하지 않고 계속 아탈란타에게 추근댔고 급기야 폭력으로 자신들의 욕망을 채우려고 했어요. 아탈란타는 날쌘 발로 달아났지만 켄타우로스의 속도를 이겨 내기 힘들었어요. 도망치는 일이 어렵다고 생각한 아탈란타는 달리기를 멈추고 몸을 돌려 켄타우로스의 질주와 마주했어요. 겁먹지 않고 차분하게 화살통에서 화살을 꺼내 활시위에 대고 활을 당겼고, 정확하게 켄타우로스의 급소를 겨냥해 두 발의 화살을 차례로 날렸어요. 활시위를 떠난 화살은 한 치의 오차 도 없이 켄타우로스의 급소에 명중했고 단숨에 목숨을 끊었답 니다.

숲속에서 사냥만 하던 아탈란타는 더 큰 세상으로 나가고 싶었어요. 그러던 어느 날, 그리스 서쪽 칼뤼돈 왕국에 괴물 멧 돼지가 나타났다는 소문이 들렸습니다. 어찌나 사나운 놈인지, 농토를 초토화시키는 것은 물론이고 사람들까지 마구 들이받 아 수많은 이가 희생당했지요. 이놈을 잡으려고 군대까지 동원 되었지만 부상자만 속출할 뿐 멧돼지를 잡는 데는 실패했어요. 칼뤼돈 왕국의 오이네우스 왕은 멧돼지 사냥에 참여할 사람을 전 그리스에서 모집하였습니다. 이 소식을 들은 아탈란타의 가슴은 뛰기 시작했습니다.

'나를 부르는 소리가 들려. 사냥에 참여할 거야. 내 솜씨를 시험해보고 싶어. 지금까지 좀 시시한 사냥만 했던 것 같아. 내가 그리스 최고의 사냥꾼일지도 모르잖아?'

그녀는 즉시 활과 화살통을 챙겨 들고 칼뤼돈으로 갔습니다. 칼뤼돈의 왕자 멜레아그로스가 사냥의 총책임자 역할을 맡았는데 쟁쟁한 영웅들이 멧돼지 사냥에 참여하기 위해 모여들었지요. 전쟁의 신 아레스의 아들 드뤼아스도 있었고, 제우스와 레다의 쌍둥이 아들 카스토르와 폴뤼데우케스(또는 폴룩스)도 있었습니다. 포세이돈의 아들로 아테네의 왕자인 테세우스, 이올코스의 왕자 이아손, 헤라클레스의 쌍둥이 형제 이피클레스, 아킬레우스의 아버지인 펠레우스와 그의 형제 텔라몬 등이 사냥에 참여하기 위해 왔답니다. 아탈란타는 유명한 전사들과 함께 사냥을 한다는 생각에 가슴이 부풀어 올랐지요. 그런데 몇몇 사람들이 문제를 제기했습니다.

"여자가 괴물 멧돼지 사냥에 낀다고? 너무 위험해! 사냥은 남자의 몫이라고. 여자가 이 사냥에 참여했다는 소문이 나면 우리 남자들이 창피하다고!"

아탈란타는 남자들이 자기를 무시하는 소리를 듣자 합리적이지 못한 편견과 차별에 불쾌했고 속이 상했지요. 당장이라도 화살을 뽑아 막말을 한 자의 가슴에 쏘고 싶었습니다. 하지만 분노를 꾹 눌렀지요. 대신 멜레아그로스를 찾아가 자신감에 넘치는 목소리로 차분하게 설득했습니다.

"당신이 이 사냥의 책임자요? 나를 데려가시오. 내가 비록 여자이긴 하지만 난 어려서부터 사냥꾼 틈에서 자랐소. 활솜씨도, 달리기도, 힘도 그 누구에게도 뒤지지 않소. 나를 받아준다면 절대 후회하지 않을 것이오."

멜레아그로스도 처음엔 어이가 없었습니다. 여자에게 사냥은 너무 위험하다고 생각했지요. 특히 괴물 멧돼지 사냥이라면요. 하지만 너무도 당당한 아탈란타의 모습을 보고 일단 시험을 해보고 싶었습니다. 능력이 있다면 기회를 주어야 한다고 생각했지요. 그를 두고 몇 가지 시험을 한 멜레아그로스는 흡족했습니다. 그 어떤 남자 사냥꾼과 비교해도 아탈란타의 힘과 솜씨는 전혀 부족하지 않았습니다. 아탈란타는 실력으로 괴물 멧돼지 사냥에 참가할 자격이 있다고 인정받은 겁니다. 그래도 몇몇 남자들이 멜레아그로스의 결정을 아주 못마땅하게 생각했습니다. 함께 사냥터로 향하는 아탈란타를 비아냥거리기도 했지요. 하지만 아탈란타는 감정적으로 흔들리지 않았습니다.

'그래, 실컷 조롱하고 떠들어라. 사냥은 말로 하는 것이 아니라 팔과 다리 그리고 활과 창으로 하는 것이다.'

숲속으로 들어서자 괴물 멧돼지가 나타났지요. 남자들이 먼저 달려들어 창을 던지고 화살을 쏘았습니다. 하지만 멧돼지는 끄떡도 않았어요. 창을 던지고 화살을 쏴도 두꺼운 가죽에 튕겨 나가고 힘으로도 당해낼 수가 없었지요. 남자들이 쩔쩔매고 있을 때, 문제를 해결한 것은 아탈란타였습니다. 그녀는 화살을 겨누어 정확하게 멧돼지의 급소를 명중시켰지요. 그렇게 멧돼지가 쓰러지자 그제야 뒤로 주춤 물러서 있던 다른 남자들이 달려들어 멧돼지를 공략했습니다.

사냥의 책임자요, 대장이었던 멜레아그로스는 멧돼지 사냥의 최고 수훈자는 아탈란타라고 선언하고 멧돼지 가죽과 머리를 아탈란타에게 선물했지요. 분명한 결과에 남자들은 입을 다물고 축하의 박수를 보낼 수밖에 없었습니다. 꺾이지 않는 마음과 차분한 행동, 평소에 갈고닦아 놓은 실력이 아탈란타를

성공으로 이끌었던 것입니다.

또 다른 모험도 있었습니다. 이번에는 이올코스의 왕자 이아손이 영웅들을 모았습니다. 흑해 동쪽에 있는 콜키스로 가서 황금 양털을 가져오는 모험이었지요. 이아손은 원래 이올코스의 왕자로서 아버지 아이손의 뒤를 이어 왕이 될 준비를 하고 있었습니다. 하지만 그의 삼촌 펠리아스가 권력에 눈이 멀어 이복형제였던 아이손 왕을 쫓아내고 왕위를 찬탈했지요. 그리고 이아손도 아버지와 함께 쫓겨났지요. 성인이 된 이아손은 삼촌 펠리아스를 찾아가 왕위를 되찾으려고 했습니다. 그러자 펠리아스는 황금 양털을 가져오면 왕위를 물려줄 수 있다고 약속했어요. 그래서 이아손은 멀고 험한 뱃길을 떠나야만 하는 혹독한 도전을 해야 했던 겁니다. 이때 이아손이 타고 떠난 배의 이름이 아르고호여서 이 모험을 아르고호의 모험이라고 부르지요.

그런데 혼자서는 감당할 수 없는 모험이라 이아손도 함께 모험을 떠날 용사들을 모집했습니다. 그러자 아르고호의 모험에는 칼뤼돈의 멧돼지 사냥 때보다 훨씬 더 많은 영웅들이 모여들었습니다. 아탈란타도 과감하게 도전장을 냈지요. 이번에도 남자들은 아탈란타의 참가를 반대했습니다. 이아손은 칼뤼돈의 멧돼지 사냥에서 이미 아탈란타의 실력을 본 적이 있었지만 함께하는 영웅들의 반대를 무시할 수는 없었어요.

"아탈란타, 당신이 뛰어난 사냥꾼임에는 틀림없소. 칼뤼돈 사냥에서 당신이 보여준 활약은 대단했소. 하지만 이번 모험은 지난번 사냥과 완전히 다릅니다. 훨씬 위험하고 시간도 많이 들지요. 모두 남자인데 아탈란타 당신 혼자 여자이니, 여러 가지 뜻하지 않은 문제가 일어날 수도 있고 당신이 감당하기 어려울 수도 있소. 아쉽지만 이번에는 안 되겠소."

이 말을 들은 아탈란타는 답답해 미칠 것만 같았습니다. 여성에 대한 편견과 차별에 모욕감까지 느꼈지요.

"당신은 좀 다를 줄 알았는데 다른 남자들과 똑같군요! 정말 실망이오. 그래, 그만두시오. 어디 당신의 모험이 잘되나 봅시다!"라고 외치며 자리를 박차고 나가고 싶었지만 만약 그렇게 뛰쳐나간다면 기회는 영영 없겠지요? 아탈란타는 이를 악물고 주먹을 꽉 쥐고 분노를 억눌렀습니다. 그리고 차분하게 그렇지만 강력하고 끈질기게 이아손을 설득했고, 다른 영웅들의 호의를 얻어내 마침내 아르고호에 올랐습니다.

이아손의 말대로 이올코스에서 콜키스로 가는 여정은 매우 힘들고 고통스러웠으며 뜻하지 않은 많은 문제들이 일어났습니다. 렘노스섬에서 여인들의 유혹에 넘어간 쉰여 명의 영웅들이 시간을 지체하기도 하고, 사람을 잡아먹는 괴물 새, 하르피아의 습격을 받기도 했지요. 그들이 상륙한 땅에서 여러 차례의 전투도 치러야 했습니다. 이 모든 여정을 극복해나가는 과정에서 아탈란타는 차분히 제 몫을 다해 모험을 성공으로 이끄는 데에 탁월한 성과를 보여주었습니다. 그녀는 유일한 여성 전사였지만 다른 남자들이 걱정하던 문제는 전혀 일으키지 않았고, 이아손이 황금 양털을 손에 넣는 데에 여러 가지 도움을 주었지요.

　아르고호의 모험이 성공적으로 끝나고 황금 양털을 가지고 이올코스로 돌아온 이아손과 일행은 펠리아스 왕의 장례식을 치르게 되었습니다. 황금 양털을 가져오면 왕위를 물려주겠다고 약속했던 펠리아스가 약속을 어기자, 이아손을 따라왔던 콜키스의 공주 메데이아가 마법을 써서 펠리아스를 죽음에 몰아넣었던 겁니다.

　고대 그리스에서는 죽은 사람을 추모하기 위해 운동경기를 성대하게 여는 관행이 있었지요. 아르고호의 모험에 참여한 영웅들은 여러 종목에서 서로 경쟁하며 기량을 뽐냈습니다. 아탈란타가 여기에 빠질 리 없겠지요. 그녀는 다른 사람들의 기대를 완전히 벗어난 종목에 도전했습니다. 서로 맞붙어 힘을 겨루는 레슬링 경기였어요. 남자들은 아탈란타의 참가에 눈이 휘둥그레졌지요.

"아니, 여자가 남자들과 레슬링을 하겠다고? 그게 되겠어? 활쏘기라면 모를까 힘으로는 안 될 텐데……"

하지만 아탈란타는 힘에서도 남자들에게 전혀 밀리지 않았습니다. 역시 아탈란타! 그녀는 예선전에서 차례차례 상대를 눕히더니 결승전에서 프티아의 왕 펠레우스를 만났지요. 그는 트로이아의 최고 전사인 아킬레우스의 아버지였습니다. 모두 펠레우스의 승리를 예상했지만 모두의 예상을 깨뜨리고 아탈란타가 펠레우스를 제압하고 당당하게 우승을 차지했지요. 사람들은 모두 일어서서 아탈란타에게 환호했습니다. 차별과 편견을 합리적인 설득과 압도적인 실력으로 이겨내고, 남자들에게 전혀 눌리지 않고 놀라운 성취를 이룬 아탈란타에게 정말 아낌없는 박수를 보내고 싶습니다.

끝까지 포기하지 않는 용기,
그리고 포용할 줄 아는 자세

편견과 차별을 이겨낸 아탈란타에게서 우리가 배울 점이 많이 있습니다. 고대 그리스와 달리 현대는 남녀 평등이 많은 점에서 개선되었지요. 하지만 여전히 나쁜 옛 관습이 그대로 남아 있습니다. 남성에게 더 많은 기회가 주어지는 것 같고, 동등한 능력을 가지고도 기회를 얻지 못하는 여성들이 여전히 많은 것 같아요. 여성이라면 아탈란타처럼 꿋꿋하게 차별을 이겨내고 당당하게 실력을 펼쳐나갈 수 있으면 좋겠어요. 차별이 억울하겠지만 화를 낸다고 문제가 해결되지는 않을 겁니다. 어디에 가서도 뒤지지 않는 실력을 갖추려고 노력하는 한편, 감정에 휩싸이는 대신 합리적이고 논리적인 설득을 시도해서 상대의 마음을 얻고 기회를 획득하는 것이 성공의 비결인 것 같습니다. 여성이라면 아탈란타처럼!

하지만 아탈란타가 자기 기량을 마음껏 펼칠 수 있었던 데에는 멜레아그로스와 이아손과 같은 포용력 있는 남성의 역할도 적지 않았습니다. 남자라서 아탈란타에게 호감을 가졌던 것일까요? 그것보다는 리더로서 두 영웅이 아탈란타를 객관적으로 평가했던 것 같습니다. 아탈란타의 실력과 성격이 사냥이나 모험에 적합한지를 냉정하게 따져보고 객관적인 평가를 내렸던 겁니다. 남성이라면 두 영웅처럼 그 어떤 편견과 차별에 휩쓸리지 않고 객관적으로 판단을 내릴 수 있으면 좋겠습니다.

차별이나 편견은 남녀 사이에만 있는 것은 아닙니다. 장애인에 대해서도, 학력이나 지역, 혈연 관계 등에서도 차별과 편견이 생길 수 있지요. 우리 모두가 그런 부당한 차별과 편견을 넘어서서 서로를 인정하고 배려하고 포용한다면 지금보다 훨씬 더 멋진 세상을 만들 수 있을 겁니다.

개미 인간들의 왕, 아이아코스

　　그리스 로마 신화에서 가장 유명한 이야기는 뭘까요? 인간들 사이에서 벌어진 사건 중에서 꼽으라면 아마도 트로이아 전쟁이 가장 먼저 꼽힐 겁니다. 트로이아의 젊은 왕자 파리스가 그리스 땅 스파르타에 와서 아름다운 헬레네를 유혹하여 트로이아로 데려가자, 헬레네의 남편 메넬라오스가 아가멤논과 함께 그리스 연합군을 구성해서 트로이아로 쳐들어갔습니다. 파리스에게 아내를 빼앗긴 모욕을 갚아 명예를 회복하고 아내를 되찾아오려는 전쟁이었지요. 물론 자신을 버리고 떠난 아내에 대한 분노도 있었겠지요?

트로이아의 목마 작전도 유명합니다. 십 년 동안 전쟁을 치르면서 도무지 전쟁이 끝날 기미가 보이지 않자, 그리스의 지혜로운 전사 오뒷세우스가 거대한 목마를 만들고 그 안에 최고 정예 전사들을 숨긴 후, 다른 그리스인들은 전쟁을 포기하고 도망간 것처럼 꾸민 겁니다. 전쟁이 끝난 줄로 생각한 트로이아인들은 너무나 기뻐하며 트로이아 목마를 전리품으로 여기고 성안으로 끌고 들어가 한가운데 세워두고 큰 잔치를 벌였지요. 결과는 처참했습니다. 모두 술과 승리감에 취해 널브러져 있을 때 목마에 숨어 있던 전사들이 몰래 나와 성문을 열고, 트로이아의 도성 바깥에 매복한 그리스 병사들을 성안으로 끌어들이자 엄청난 살육전이 벌어졌지요. 그렇게 트로이아가 멸망했습니다.

전쟁에서 오뒷세우스의 활약이 눈부셨지만 가장 탁월한 전사는 단연 아킬레우스입니다. 비록 전쟁의 끝을 보지 못하고 파리스의 화살에 뒤꿈치를 맞아 숨을 거두었지만 그가 최고의 전사임은 분명합니다. 그가 트로이아의 성벽과도 같은 헥토르(트로이의 왕자, 파리스의 형)를 쓰러뜨림으로써 전쟁은 이미 그리스의 승리나 마찬가지였으니까요. 그의 어머니는 바다의 여신 테티스였는데 아들의 몸을 불멸의 신과 같이 만들려고 스튁스강에 담갔습니다. 하지만 발꿈치를 잡고 물에 넣는 바람에 그곳은 치명적인 약점이 되고 말았습니다. 그래서 사람들은 누군가의 약점을 가리킬 때 '아킬레스건'이라는 말을 합니다.

아킬레우스가 이끌고 온 병사들을 '뮈르뮈돈의 전사들'이라고 부릅니다. 우리말로 하면 '개미 전사들'입니다. 그리스어로 개미를 '뮈르멕스'라고 하거든요. 왜 이런 이름이 붙었을까요? 개미들이 날카로운 입을 딱딱거리는 모습을 상상해보면 정말로 단단한 갑옷을 입은 군인처럼 느껴지기는 합니다. 개미들이 일사불란하게 움직이면서 일을 해나가는 것처럼 뮈르뮈돈의 전사들이 지휘관의 명령에 따라 전열을 갖추고 용감하게 싸웠기 때문에 그런 이름이 붙은 것도 같습니다. 실제로 뮈르뮈돈의 전사들은 그리스 최강의 강철부대로 불렸습니다. 그런데 실제로 뮈르뮈돈인들은 개미였다고 합니다. 어찌 된 일일까요?

한 이야기를 들려드릴게요. 그리스 강물의 신 가운데 아소포스가 있습니다. 그에게는 아이기나라는 아름다운 딸이 있었지요. 제우스가 독수리로 변신한 후 그녀를 낚아채더니 아테네 앞바다에 있는 오이노네섬으로 데려갔어요. 마침 이 모습을 본

코린토스의 왕 시쉬포스는 딸을 찾아 헤매는 아소포스에게 알려주었어요. 아소포스는 부랴부랴 제우스를 쫓아가 딸을 내놓으라고 고함을 질렀지요. 하지만 제우스는 그럴 맘이 없었습니다. 아이기나를 데려가려는 제우스와 딸을 되찾으려는 아소포스 사이에 싸움이 벌어졌지요. 아소포스의 마음이 훨씬 더 간절했지만 힘으로는 제우스를 당해낼 수 없었습니다. 제우스가 던진 번개를 맞고 아소포스는 시커멓게 그을렸고 원래 자리로 돌아가게 되었지요. 그래서 그 뒤부터 아소포스강의 바닥은 시커멓게 되었답니다.

아이기나는 오이노네섬에서 제우스의 아들을 낳았습니다. 아이기나는 아버지와 이별을 한 것이 슬펐나 봅니다. 아이의 이름을 '아이아코스'라고 붙였는데, 마치 슬피 우는 소리를 흉내 낸 것 같지요? 아이아코스는 섬에서 무럭무럭 자라났고 어른이 되어서는 오이노네섬의 왕이 되었지요. 그리고 섬의 이름을 어머니의 이름으로 바꾸었습니다. 제우스는 아이기나와 아이아코스를 무척 아끼고 사랑했기 때문에 종종 아이기나섬을 찾았대요.

이 사실을 알게 된 헤라는 진노했습니다. 아이기나섬에 엄청난 재앙을 내렸지요. 순식간에 섬 전체에 역병이 퍼지면서 사람들이 죽어갔고 심지어 커다란 용까지 나타나 사람들을 집어삼켰어요. 마침내 아이아코스와 아이기나만 남고 말았습니다. 아이기나와 아이아코스는 절망 가운데 제우스에게 구원을 요청하며 울부짖었습니다. 그들과 함께 살아갈 사람이 필요했던 겁니다.

제우스는 섬의 중앙에서 자라나던 떡갈나무 아래에 기어다니는 개미들에게 마법을 불어넣었습니다. 개미는 갑자기 쑥쑥 자라나더니 모두 사람이 되었지요. 아이아코스는 깜짝 놀랐어요. 개미 인간들은 아이아코스 앞으로 몰려들었고 신이 난 아이아코스는 명령을 내렸습니다. 개미 인간들은 그의 명령에 따라 흐트러짐 없이 일사불란하게 움직였고 땀을 뻘뻘 흘리면서 성실하게 일했지요. 황폐했던 나라는 개미 인간들의 노력으로 이전보다 더욱더 활기를 띠기 시작했고 아이아코스는 그들과 함께 아이기나를 강력한 나라로 만들어나갔어요.

특히 아이아코스는 합리적인 법을 세우고 엄격하게 집행하면서 신들의 뜻을 헤아리며 나라를 다스렸는데 그의 공정성과 경건함에 관한 소문이 널리 퍼져나갔습니다. 여러 나라에서 해결하기 곤란한 문제가 생길 때 아이기나섬으로 사절을 보내 아이아코스의 현명한 판결을 얻으려고 했지요. 심지어 신들도 그에게 의견을 묻곤 했으며 지혜롭고 정의롭고 경건한 아이아코스를 존중하고 사랑했다고 합니다.

어느 날, 그리스에 극심한 가뭄이 들자 사람들이 해결책을 찾기 위해 델피의 아폴론 신전을 찾았습니다. 펠롭스가 스튐팔로스를 찢어 죽여 그리스 땅 이곳저곳에 뿌렸기 때문에 제우스가 화가 났던 겁니다. 아폴론의 여사제는 아이아코스의 기도만이 제우스의 노여움을 풀 수 있다는 신탁을 내렸고, 실제로 아이아코스가 신들에게 간절하게 기도하자 가뭄이 그쳤다고 합니다. 아이아코스는 아버지 제우스에게 감사의 표시로 신전을 지어 바쳤지요.

또 한번은 포세이돈과 아폴론이 아이아코스를 찾아왔습니다. 트로이아의 성벽을 같이 쌓자고 제안했지요. 이들은 제우스에게 반란을 꾀하다가 벌을 받게 되었는데 트로이아의 왕 라오메돈의 노예로 일을 해야 했던 겁니다. 라오메돈은 두 신에게 트로이아의 성벽을 단단하게 쌓으라고 지시했지요. 고민하던 두 신은 어떤 일이든 원칙대로 일하는 아이아코스와 성실한 개미 인간들이 도와주면 좋겠다고 생각했어요.

"그대가 우리를 도와주었으면 좋겠네. 개미 인간들이 그대의 명령에 따라 일사분란하게 움직인다면 빠른 속도로 튼튼하게 성벽을 쌓을 수 있을 거야"

아이아코스는 신들의 요청을 거절할 수 없었어요. 가장 씩씩한 장정들을 선발하여 배를 타고 트로이아로 향했지요. 포세이돈과 아폴론, 아이아코스는 세 부분으로 구역을 나누어 트로이아의 성벽을 쌓았습니다. 성벽이 완성되었을 때 갑자기 세 마리의 커다란 뱀이 나타나 돌진하며 성벽을 넘으려고 했지요. 그런데 포세이돈과 아폴론이 쌓은 성벽을 타고 올라오던 뱀은 성공하지 못하고 중간에 떨어져 죽었는데, 아이아코스가 쌓은 성벽으로 왔던 놈은 성공을 했지요. 이 희한한 광경을 보던 아폴론은 아이아코스에게 예언을 했습니다.

"아이아코스, 이것은 트로이아가 장차 그대의 자손들에 의해 정복된다는 뜻이네"

임무를 완수한 아이아코스는 아폴론의 말을 가슴에 새긴 채 아이기나섬으로 다시 돌아왔어요. 얼마 후에 아이아코스는 엔데이스와 결혼했지요. 엔데이스는 영웅들의 스승인 켄타우로스족의 현자 케이론의 딸입니다. 그리고 둘 사이에서 씩씩한 두 아들이 태어났지요. 펠레우스와 텔라몬입니다. 아이아코스는 바다의 신 네레우스의 딸 프사마테와도 결혼을 했습니다. 둘 사이에는 포코스라는 아들이 태어났지요. 아이아코스는 펠레우스와 텔라몬보다 포코스를 더 좋아했어요. 그러자 엔데이스의 두 아들은 포코스를 질투하기 시작했지요. 자칫하다가는 왕위를 포코스가 물려받을 수도 있다고 생각하니 가만있을 수가 없었습니다. 둘은 포코스에게 사냥을 가자며 숲속으로 데려간 뒤에 죽여버렸어요. 권력욕과 질투심이 일으킨 끔찍한 일이었지요.

펠레우스와 텔라몬은 실수로 포코스를 쏜 것이라고 변명했지만 아이아코스는 속지 않았고 '극대노'했습니다. 법을 존중하고 공정하기로 소문난 그였으니 아들이라고 봐줄 리 없겠지요. 사형을 언도해도 이상할 일이 아니었습니다. 겁에 질린 펠레우스와 텔라몬은 아버지의 분노를 피해 아이기나섬을 도망쳤습니다. 정처 없이 떠돌던 두 아들은 갖가지 모험에 참여하게 됩니다. 앞에서 멜레아그로스가 괴물 멧돼지 사냥을 위해 용사들을 모은 것, 기억하지요? 그때 두 형제도 참가했습니다.

그 사냥에서 만난 이아손과 함께 황금 양털을 찾으러 아르고호의 모험에도 참여했습니다. 이 과정에서 두 형제는 최고의 여걸 아탈란타와도 만났겠지요.

그리고 텔라몬은 헤라클레스와 함께 트로이아에도 가게 됩니다. 라오메돈 왕을 응징하기 위해서였지요. 라오메돈은 포세이돈과 아폴론에게 트로이아 성벽을 쌓으라고 지시했었는데 두 신을 노예처럼 부려 먹고 아무런 보상을 하지 않았습니다. 이에 진노한 아폴론은 트로이아에 역병의 화살을 날렸고, 포세이돈은 거대한 바다 괴물을 보냈지요. 라오메돈은 진노한 두 신을 달래기 위해 자기 딸 헤시오네를 바다 괴물의 먹이로 바쳐야만 했습니다. 때마침 트로이아에 왔던 헤라클레스가 헤시오네를 구해줍니다. 라오메돈은 그에 대한 보답으로 헤라클레스에게 신들에게서 받은 말을 주겠다고 했지요. 하지만 그 약속을 지키지 않았습니다. 그에 대한 보복으로 헤라클레스가 트로이아를 침공했던 겁니다.

헤라클레스는 쉰 명이 노를 젓는 함선 열여덟 척에 전사들을 가득 싣고 트로이아를 공격했어요. 이때 텔라몬이 함께했던 겁니다. 그런데 헤라클레스의 전사들이 성벽을 포위하여 공격하고 있을 때, 가장 먼저 성벽을 부수고 도성 안으로 들어간 것은 헤라클레스가 아니라 텔라몬이었습니다. 성을 함락하고 나자 헤라클레스는 화가 났습니다. 텔라몬이 자기보다 먼저 성으로 들어가 전공과 명예를 가로챈 것이라고 생각했기 때문이었지요. 그가 칼을 들고 텔라몬을 죽이려고 하자, 텔라몬은 얼른 돌을 모아 제단을 쌓았습니다.

"텔라몬, 지금 뭐 하는 건가?"

"헤라클레스, 이 승리는 오롯이 그대의 것이다. 난 그대의 아름다운 승리를 기념하기 위해 제단을 마련하는 것이지."

이 말을 듣고 헤라클레스는 분노를 가라앉히고 텔라몬을 칭찬했습니다. 그리고 바다 괴물에게 죽을 뻔했던 헤시오네를 텔라몬에게 주었어요. 이렇게 해서 텔라몬은 목숨을 건졌고 헤라클레스와 우정을 유지할 수 있었지요. 지혜로운 대처가 텔라몬의 목숨을 구한 겁니다. 이렇게 해서 아폴론이 아이아코스에게 했던 예언, "트로이아가 그대의 자손들에 의해 정복된다"는 말이 이루어졌습니다.

그러나 아폴론의 예언은 한 세대가 지난 후에 완전하게 이루어집니다. 우리가 아는 트로이아 전쟁이 일어났을 때, 아이아코스의 자손이 참전하게 되지요. 펠레우스의 아들 아킬레우스와 텔라몬의 아들 아이아스가 그 주인공입니다. 이들은 트로이아 전쟁에 참여한 그리스 전사들 가운데 최고의 전사로 꼽히지요. 특히 아킬레우스는 개미 인간들, 즉 뮈르뮈돈 전사들과 함께 참전하여 독보적인 전과를 세웁니다. 비록 아킬레우스와 아이아스는 전투에서 혁혁한 공을 세우고도 승전의 마지막 순간을 함께하지는 못했지만 트로이아 함락에 크게 이바지했습니다. 그리고 아킬레우스의 아들, 그러니까 아이아코스의 증손자인 네오프톨레모스가 트로이아 전쟁에 마침표를 찍는 전사로 합류합니다. 그는 트로이아 목마 안에 숨어 있던 최정예 전사들 중 하나였으니까요. "아이아코스, 그대의 자손들에 의해 장차 트로이아가 정복될 것이다"라는 아폴론의 신탁은 이렇게 완결됩니다.

아니, 한 사람을 더 넣어야겠군요. 나중에 페르시아 제국이 트로이아의 땅을 차지하고 그리스를 두 차례나 침략하며 괴롭히는데, 마케도니아의 알렉산드로스 대왕이 페르시아를 정복하게 됩니다. 그런데 알렉산드로스 대왕의 어머니 올륌피아스는 아킬레우스의 후손이라고 합니다. 아킬레우스가 아이아코스의 손자이니, 알렉산드로스 역시 아이아코스의 자손 중 한 사람입니다. 따라서 알렉산드로스는 아폴론의 신탁에 마지막 마침표를 찍은 사람인 겁니다. 참고로 알렉산드로스의 아버지 필립포스 2세는 트로이아를 정복했던 또 하나의 영웅 헤라클레스의 자손이고요. 어머니쪽 혈통으로 보나, 아버지쪽 혈통으로 보나 알렉산드로스는 트로이아 땅을 정복할 운명과 능력을 타고난 사람이라고 할 수 있겠지요.

아이아코스가 죽자 아이기나섬 사람들은 애도의 눈물을 흘리며 아이아케이온이라는 신전을 지어 그를 그곳에 묻었다고 합니다. 제우스는 아이아코스의 정의감과 지혜를 높이 사서 미노스와 라다만토스와 함께 저승 세계의 심판관으로 삼았지요. 그는 특히 유럽 지역에서 살던 사람들의 혼백을 심판하는 역할을 맡았다고 합니다.

법과 원칙,
누구에게도 예외는 없다

아이아코스는 그리스 로마 신화에서 보기 드문 모범적 인물입니다. 헤라의 저주를 받아 고통스럽고 외로운 시절을 보내야 했지만 좌절하고 주저앉지 않았습니다. 나중에 그는 제우스에게 개미 인간도 받았지요. 아이아코스의 눈에 개미 인간들이 어떻게 보였을까요? '개미가 변신한 인간이라니 이 따위 하찮고 보잘것없는 것들을 데리고 뭘 하라는 거지?'라고 투덜거릴 만도 한데 아이아코스는 그렇지 않았습니다. 개미 인간들을 귀하게 여기고 그들과 함께 열심히 일해서 전염병으로 폐허가 되었던 아이기나섬을 멋지게 되살아나게 했지요.

그는 신들에게는 경건한 태도로, 사람들에게는 공정한 자세로 임했습니다. 그래서 모두가 그를 사랑하고 신뢰하게 되었지요. 신들이나 인간들은 큰 문제가 생겼을 때, 아이아코스의 지혜와 정의감을 믿고 그에게 판결을 맡기고 해결책을 찾곤 했지요. 그래서 그는 죽은 후에도 저승의 심판관이 되었답니다.

그의 공정성을 보여주는 대표적인 이야기가 있습니다. 그는 켄타우로스의 현자 케이론의 딸 엔데이스와 결혼을 해서 펠레우스와 텔라몬을 낳았습니다. 두 아들은 용감한 전사로 무럭무럭 자라났지요. 그들도 훌륭했지만 그 아들들이 더 탁월했습니다. 펠레우스의 아들 아킬레우스와 텔라몬의 아들 아이아스는 트로이아 전쟁에서 가장 뛰어난 전사로 활약했지요. 그런데 앞서 말했듯 펠레우스와 텔라몬은 이복형제 포코스를 몰래 죽였지요.

하지만 그들의 죄는 곧 아이아코스에 의해 드러났습니다. 아이아코스는 죄를 지은 그들에게 공정하고 엄격하게 법을 집행했습니다. 비록 그들이 자신의 적통 아들이며 왕권을 이어받을 후계자로 유력했지만 사적인 감정에 휩싸여 흐지부지 지나가지는 않았던 겁니다. 형제를 질투하여 목숨을 앗아간 그들을 법의 이름으로 추방했지요. 이런 일로 인해 신들과 사람들은 모두 아이아코스의 공정함을 칭찬하고 존경했다고 합니다.

부활한 펠롭스가 보여주는
꺾이지 않는 마음

그리스 땅은 커다란 삼각형 모양의 발칸반도 남쪽 끝을 차지하고 있습니다. 발칸반도는 북쪽에 있는 슬로베니아, 크로아티아, 세르비아, 루마니아에서부터 시작되지요. 그리고 그리스 서남쪽으로 펠로폰네소스반도가 마치 공룡의 발자국처럼 지중해를 밟고 있는데 펠로폰네소스는 '펠롭스의 섬'이라는 뜻입니다. 그리스어로 섬이나 반도를 '네소스'라고 하거든요. 이렇게 큰 반도의 이름에 붙을 만큼 펠롭스는 그리스 사람들의 사랑과 존경을 받았습니다.

펠롭스는 지하 세계에서 영원히 굶주리고 목말라 하는 벌을 받은 탄탈로스의 아들이지요. 제우스의 아들이었지만 그의 진노를 샀던 인물, 기억하지요? 탄탈로스는 자기 아들 펠롭스를 죽여 요리의 재료로 써서 신들을 시험하려다가 큰 벌을 받았던 겁니다. 신들은 펠롭스를 되살려놓았어요. 음식물 속에 조각난 그의 몸을 수습하여 원래 모습으로 만들었고, 데메테르가 삼켰던 어깨 부분은 눈부신 상아 조각으로 채워졌지요. 그렇게 부활한 펠롭스는 어떤 삶을 살았을까요?

펠롭스가 되살아나자 포세이돈이 그를 올림포스로 데려가 씩씩한 청년이 될 때까지 돌보았습니다. 성장한 펠롭스는 자신의 삶을 살기 위해 올림포스를 떠나게 되지요. 그는 원래 뤼디아 왕국의 시퓔로스산에서 태어났지만 청년이 되어서는 펠로폰네소스반도의 서쪽, 피사 왕국으로 갔어요. 올림포스에서 지낼 때부터 그곳의 공주 힙포다메이아를 보고 반했었거든요. 그녀와 결혼하리라 마음을 결심하고 내려왔던 겁니다. 그때 피사는 오이노마오스 왕이 다스리고 있었어요.

하지만 힙포다메이아와 결혼을 한다는 것은 쉽지 않은 일이었습니다. 오이노마오스 왕은 외동딸을 결혼시키려고 하지 않았기 때문이에요. 참 이상한 일이지요? 그것은 힙포다메이아가 태어났을 때, 기뻐하던 오이노마오스 왕에게 내려진 신탁 때문이었습니다.

"그대의 딸이 결혼하는 날, 그대는 마지막 숨을 쉬게 되리라. 사위가 그대의 숨을 끊을 테니까."

신탁을 듣고 깜짝 놀란 오이노마오스는 잠깐이었지만 딸 아이를 없앨까라는 무서운 생각도 했습니다. 하지만 방긋 웃는 모습이 너무 귀엽고 사랑스러워서 그럴 수가 없었지요. 그래서 평생 독신으로 자신의 곁에서 살도록 하리라고 결심했던 겁니다. 하지만 힙포다메이아가 아름답고 지혜로운 여인으로 성장하자 사방에서 그녀와 결혼하려는 남자들이 찾아왔답니다. 오이노마오스 왕은 그때마다 신탁이 생각나 섬뜩했지요. 그래서 조건을 내걸었어요.

"내 딸과 결혼하고 싶은 자는 나와 마차 경기를 해야 한다. 경기에서 이긴다면 나의 사위가 되겠지만 진다면 목숨을 바쳐야 한다."

오이노마오스가 그렇게 자신만만하게 조건을 내걸 수 있었던 것은 그가 기르던 말 때문이었습니다. 오이노마오스는 전쟁의 신 아레스의 아들이었는데 아레스는 그에게 신마神馬를 선물로 주었지요. 신의 말을 이길 수 있는 인간의 말이 있을까요?

첫 번째 도전자는 마르막스였습니다. 오이노마오스는 마르막스의 마차에 힙포다메이아를 오르게 한 뒤 먼저 달리게 했지요. 그리고 자신은 먼저 제우스에게 제사를 올린 후 완전무장을 한 채로 뒤늦게 출발했습니다. 마차 경기는 피사에서 출발해서 멀리 코린토스에 있는 포세이돈의 제단까지 달리는 것이었는데, 늦게 출발했지만 오이노마오스의 말들이 마르막스의 말들을 따라잡는 것은 그리 놀라운 일도 어려운 일도 아니었습니다. 결승선에 먼저 도착한 오이노마오스는 늦게 도착한 마르막스를 창으로 찔러 죽였어요. 딸은 자기 마차에 태우고 궁전으로 유유히 돌아왔지요. 그리고 마르막스의 목을 잘라 왕궁 출입문 위에 매달았습니다.

힙포다메이아는 아버지의 잔혹한 행동을 보고 경악했고 구혼자들이 더는 오지 않기를 바랐습니다. 힙포다메이아와 결혼을 꿈꾸고 왔던 많은 구혼자들은 성문 위에 매달린 마르막스의 목을 보고 기겁하며 벌벌 떨면서 마차 경주를 포기하고 집으로 돌아가기 일쑤였지요. 물론 용기를 내서 도전하는 남자들은 계속 있었어요. 하지만 그들 모두 마르막스와 같은 신세가 되고 말았지요. 그렇게 열여덟 명의 젊은이들이 힙포다메이아와의 결혼을 꿈꾸다가 목숨을 잃었습니다.

열아홉 번째로 피사 왕궁을 찾아온 사람이 바로 펠롭스였지요. 성문 위에 걸려있는 열여덟 개의 머리가 눈에 들어오자 갑자기 온몸이 굳는 것 같았습니다. '목숨까지 걸어야 할까? 내가 이길 수 있을까?' 자신의 머리가 열아홉 번째로 성문 위에 걸리는 것을 상상하니 다리가 후들후들거렸습니다. 하지만 여기까지 와서 그만둘 수는 없다고 생각했어요. 올림포스에서 내려다보던 힙포다메이아의 아름다운 얼굴과 우아한 자태가 떠올랐지요. 펠롭스는 포세이돈에게 빌었습니다.

'그래, 해보는 거야. 목숨을 걸 만한 가치가 있어. 난 제우스의 손자다. 나를 키워주신 포세이돈이시여, 나를 도와주세요. 오이노마오스의 번뜩이는 창이 보이시나요? 성문에는 벌써 나의 머리를 박아둘 쇠꼬챙이를 달아두었습니다. 포세이돈이시여, 제게 오이노마오스를 이길 수 있는 날쌔고 튼튼한 말을 주소서.'

그러자 펠롭스를 사랑하던 포세이돈은 황금 마차와 페가소스처럼 날개가 달린 말들을 보내주었다고 합니다.

포세이돈은 바다의 신이기도 하지만 말의 신이기도 합니다. 그가 아테나 여신과 케크로피아라는 도시를 놓고 수호신의 자리를 두고 경쟁할 때, 그는 케크로피아 시민들에게 날쌘 말을 선물로 제안했던 적이 있을 정도입니다. 물론 이 경쟁에서 포세이돈은 아테나에게 패했고 그 도시는 아테나가 차지하게 되었지만요. 바다에서 포세이돈이 나타날 때면 파도처럼 거세게 몰아치는 네 마리 말들이 끄는 마차를 타고 솟아오르는 것도 그가 말의 신이기 때문입니다. 그런 포세이돈의 말들이 끄는 마차라면 아무리 아레스 신이 선사한 말들이 끄는 오이노마오스의 마차라고 해도 상대가 되지 않겠지요? 펠롭스는 승리를 자신하면서 성안으로 들어가 오이노마오스 왕에게 도전장을 내놓았습니다.

그러나 힙포다메이아는 펠롭스가 행여 패배하여 목숨을 잃을까 봐 겁이 났어요. 자기와 결혼하겠다고 온 멋진 청년들이 아버지의 창에 잔혹하게 목숨을 잃고 머리까지 잘려 성문 위에 걸릴 때마다 밤새 잠을 이루지 못하고 공포에 떨며 울어야 했고, 성문을 지날 때마다 몸서리를 치곤 했지요. 그래서 이번에 또 잔혹한 희생이 일어나면 안 된다고 생각했어요. 게다가 펠롭스의 당당한 모습을 보고 에로스의 황금 화살을 맞은 양 사랑에 빠지고 말았지요. 저 남자만은 어떻게든 구해야겠다고 결심했어요. 그리고 결혼하여 행복하게 살고 싶었지요. 그녀는 몰래 오이노마오스의 마부를 찾아갔습니다.

"뮈르틸로스, 내 부탁을 들어준다면 나중에 이 왕국의 절반을 주겠어요."

힙포다메이아는 그에게 아버지 마차의 바퀴에 박힌 청동 못을 몇 개 빼내고 그곳을 밀랍으로 채워넣으라고 부탁했습니다. 마차가 달리다가 바퀴가 부서지거나 빠지게 되면 펠롭스가 확실하게 승리를 거둘 것이라고 생각했던 거였죠. 뮈르틸로스가 긴가민가하며 망설이자 이렇게 덧붙였어요.

"더 이상 젊은이들을 죽게 해서는 안 돼요. 어떻게 해서든 막아야죠. 일이 잘된다면 신혼의 첫날밤도 그대에게 주겠어요."

마침내 뮈르틸로스는 힙포다메이아의 부탁을 들어주기로 합니다. 드디어 결전의 날이 왔습니다. 아무것도 모르는 오이노마오스는 평소와 같이 완전무장을 갖춘 채로 마차에 올랐습니다. 그러나 펠롭스의 말과 마차를 보자 바짝 긴장했지요. 대결이 만만치 않으리라는 불길한 예감이 들었던 겁니다. 하지만 내색하지는 않았어요.

"이것 보게, 젊은이. 지금이라도 늦지 않았으니 포기하는 것이 어떻겠나? 목숨은 하나뿐이라고!"

"예, 잘 알고 있습니다. 그리고 힙포다메이아 공주님은 제 목숨을 걸고 도전할 만한 가치가 있다는 것도 잘 알고 있습니다."

드디어 출발 신호가 울렸습니다. 예전처럼 힙포다메이아와 함께 탄 펠롭스의 마차가 기세 좋게 먼저 출발했지요. 역시 포세이돈의 말이었어요. 여느 말과는 달리 엄청난 속도로 질주했지요. 그 모습을 본 오이노마오스 왕은 긴장했습니다. 제우스에게 제사를 올리는 것도 불안할 정도였지요. 제사를 마치고 뒤쫓아갔지만 이미 펠롭스의 마차는 보이지 않았습니다. 그리고 뮈르틸로스가 마차 바퀴에서 청동 못을 빼내고 밀랍을 채워 넣었던 탓에 얼마 못 가서 바퀴가 빠지고 마차는 전복되고 말았습니다. 그 서슬에 그만 오이노마오스 왕도 마차에서 땅바닥으로 떨어졌고 고삐를 놓지 않아 질질 끌려가다가 결국 목숨을 잃고 말았습니다. 죽어가면서 그는 뮈르틸로스의 음모를 의심했고 저주를 퍼부었지요.

"모두 네놈의 짓이구나! 감히 이런 짓을 하다니, 네가 도운

자에게 죽임을 당할 것이다!"

뮈르틸로스는 깜짝 놀랐습니다. 마차 전복 사고로 왕이 죽게 되리라고는 생각하지 못했기 때문이었죠. 코린토스의 목적지까지 먼저 도착한 펠롭스와 힙포다메이아는 기쁨에 벅차올라 포세이돈에게 감사의 제사를 올렸지만 다시 피사로 돌아와 오이노마오스의 죽음을 알게 되고는 통곡하고 말았지요. 특히 사건의 전모를 알게 된 펠롭스는 기가 막혔습니다.

"그렇게까지 하지 않아도 난 승리할 수 있었을 것이오. 지나친 걱정이 엄청난 재앙과 끔찍한 죄악을 불러왔군요. 이 죄를 어떻게 씻을 수 있을까요?"

펠롭스는 이 모든 것이 힙포다메이아가 자신을 사랑하고 아끼는 마음에서 한 일이라 생각하니 더 이상 그녀를 질책할 수는 없었습니다. 그래도 왕국의 반과 공주를 탐내고 왕을 죽음으로 몰아넣은 뮈르틸로스만은 용서할 수가 없었지요. 결국 펠롭스는 그를 바다에 던져 죽였습니다. 그러나 너무나도 억울했는지 뮈르틸로스는 펠롭스의 가문에 두고두고 불행과 재앙이 닥치리라 저주를 퍼부었답니다.

펠롭스는 오이노마오스의 장례식을 성대하게 치르며 고인

의 명예를 높이고 명복을 비는 한편, 아버지를 죽음에 이르게한 힙포다메이아의 정화 의식을 거행하여 죄를 씻게 해주려고 했습니다. 뮈르틸로스의 원한을 풀어주고 명예를 회복하는 의미의 기념비도 세웠고 그의 아버지인 헤르메스 신을 위한 제의도 창설했어요. 이전에 오이노마오스에게 목숨을 잃은 구혼자들의 시신과 성문에 걸린 그들의 목을 내려 장례식을 거행하고 묘지도 만들어 주었으며, 그들의 용기와 명예를 드높이는 커다란 기념비도 세웠답니다.

한편 힙포다메이아는 펠롭스와 결혼한 것을 감사하며 결혼의 신 헤라를 위해 올림피아에서 헤라 축제를 열었어요. 이 축제는 나중에 제우스를 주신으로 하는 올림피아 제전으로 이어지지요. 펠롭스는 피사의 왕이 된 이후 영토를 넓혀나갔고 펠로폰네소스 땅 대부분을 지배하게 됩니다. 그래서 '펠로폰네소스'라는 이름이 생긴 것이지요.

그런데 그가 이렇게 엄청난 세력을 확장하는 가운데 잘못도 저질렀습니다. 스튐팔로스가 다스리던 아르카디아 지방을 차지하기 위해 그에게 속임수를 써서 죽인 뒤 그의 시신을 조각내서 이곳저곳에 던져버린 겁니다. 이에 제우스가 노했고 이 문제를 해결한 사람이 아이아코스라는 건 기억하고 계시지요? 큰 죄를 범한 펠롭스는 신들에게 용서를 빌고 정화 의식을 치른 후에 새로운 사람으로 거듭났다고 합니다. 누구나 실수를 할 수 있지만, 실수를 만회하기 위해 노력하는 자세가 중요하다는 것을 펠롭스가 잘 보여줍니다.

어린 시절의 불행을 극복한 펠롭스의 의지

시간이 흘러 펠롭스와 힙포다메이아 사이에서 자식들이 태어납니다. 펠로폰네소스 동쪽으로 가서 뮈케네를 지배하게 되는 아트레우스와 튀에스테스, 그리고 트로이젠과 핏테우스, 펠롭스의 뒤를 이어 피사와 엘리스를 다스리며 영토를 확장하여 메가라까지 정복한 알카스투스가 있지요. 아트레우스의 두 아들 아가멤논과 메넬라오스는 트로이아 전쟁을 주도한 그리스의 지도자로서 명성을 높였지요. 아가멤논은 뮈케네의 전성기를 이끌며 트로이아 전쟁을 승리로 이끈 총사령관이었습니다. 그리고 그와 함께 출정한 메넬라오스는 스파르타의 왕이었지요.

그리고 그들의 딸들은 뮈케네 문명을 세운 페르세우스와 안드로메다의 아들들과 결혼하여 명문세가를 이루게 되지요. 딸 아스튀다메이아는 알카이오스와 결혼하는데 그들 사이에서 태어난 암피트뤼온은 장차 헤라클레스의 인간 아버지가 됩니다. 니키페는 티륀스와 뮈케네를 다스리는 왕이 되는 스테넬로스와 결혼하여 헤라클레스에게 열두 가지 과업을 맡기는 에우뤼스테우스를 낳습니다. 뤼시디케는 메스토르와 결혼하고, 에우뤼디케는 엘렉트뤼온과 결혼했다고 하는데 그들 사이에서 태어난 알크메네는 사촌 암피트뤼온과 결혼하지만 제우스를 만나 그 유명한 영웅 헤라클레스를 낳게 됩니다.

불행한 어린 시절을 보낸 펠롭스, 그가 용기를 잃지 않고 도전하여 이룬 여러 성취와 가문의 위세가 참으로 대단하게 느껴집니다. 정말 중요한 것은 꺾이지 않는 마음인 것 같습니다.

더 넓은 세상을 향한
테세우스의 결단

펠롭스는 강력한 힘과 재산을 바탕으로 펠로폰네소스의 여러 지역을 지배할 수 있었습니다. 특히 많은 자식들을 두었는데 이들을 여러 왕족들과 결혼시킴으로써 세력을 효율적으로 확장했지요. 그의 아들 중에 트로이젠과 핏테우스가 있었습니다. 이들은 아버지의 왕국 피사를 떠나 동쪽으로 가서 포세이돈의 손자인 아이티오스를 찾아갔지요. 아이티오스는 두 형제에게 땅을 내주면서 평화롭게 지냈습니다. 그렇게 아이티오스가 혼자서 다스리던 왕국을 세 명의 왕이 다스리게 된 겁니다. 그런데 트로이젠이 세상을 떠나자 아이티오스는 자신의 권력을 포기했고, 결국 핏테우스가 통합된 나라를 다스리는 왕이 되었지요. 핏테우스는 형이 무척 그리웠나 봐요. 형제의 이름을 나라 이름으로 정해버렸거든요. 그렇게 그 땅은 트로이젠 왕국이 되었고, 핏테우스가 그 나라의 첫 번째 왕이 되었습니다.

그런데 아이티오스는 왜 핏테우스에게 권력을 넘겨주었을까요? 핏테우스가 매우 영리하고 지혜로웠으며 특히 예지력을 가지고 신탁과 예언을 해석할 줄 아는 비상한 능력을 가지고 있었기 때문이었습니다. 아이티오스는 권력을 놓고 핏테우스와 싸우는 것보다는 그가 나라를 다스리게 하고 본인은 물러나서 편안하게 사는 것이 좋다고 생각했던 것 같아요. 그렇게 똑똑하고 유능한 핏테우스에게도 고민이 있었지요. 왕위를 물려줄 아들이 없었던 겁니다. 딸만 둘 있었어요. 아이트라와 헤니오케였습니다.

그러던 어느 날, 아테네의 왕 아이게우스가 그를 찾아왔습니다. 지혜를 구하기 위해서였지요. 아이게우스도 핏테우스와 똑같은 고민을 하고 있었습니다. 왕위를 물려줄 아들이 없었던 겁니다. 답답한 아이게우스는 델피에 있는 아폴론 신전을 찾아갔지요. 예언의 신 아폴론의 여사제는 이런 신탁을 전해주었습니다.

"백성들 중 뛰어난 그대, 아이게우스여, 아테네로 돌아갈 때까지 포도주 가죽 부대의 마개를 풀지 말라."

이게 무슨 뜻일까요? 그냥 쉽게 생각하면 아테네로 돌아갈 때까지 술을 마시지 않으면 된다는 것 같습니다만 다른 뜻이 있는 것 같았어요. 아이게우스는 이게 무슨 뜻이냐고 물었지만 여사제는 입을 다물었습니다. 아들을 얻는 방법을 듣기는 했는데 도무지 그 뜻을 알 수가 없었으니 아이게우스의 마음은 여전히 답답했지요. 그는 아테네로 바로 돌아가는 대신 똑똑한 핏테우스에게 갔습니다.

핏테우스는 신탁을 풀어주기는커녕 손님 대접을 해야겠다며 성대한 잔치를 열었고 술잔에 술을 가득 따라 건네주었습니다. 아이게우스는 너무 찝찝했지만 그 성의를 무시할 수는 없었어요. 한 잔 마시고 나니 피로가 풀리는 것 같고, 두 잔을 마시니 걱정이 날아가는 것 같고, 세 잔을 마시니 기분이 황홀해졌습니다. 그렇게 아이게우스는 코가 삐뚤어지게 술을 마시고 골아 떨어졌지요.

다음 날, 잠자리에서 일어난 아이게우스는 깜짝 놀랐습니다. 그의 침대에 아름답고 젊은 처녀가 누워 잠을 자고 있지 뭐예요! 알고 보니 핏테우스의 딸, 아이트라 공주였습니다. 한밤중에 핏테우스가 몰래 들여보냈던 겁니다. 만약 아이게우스가 술을 마시지 않고 아테네로 돌아갔다면 그는 아내와의 사이에서 아테네의 왕이 될 아들을 얻게 될 운명이었지요. 그에게 내려진 신탁이 그런 의미였던 겁니다. 핏테우스는 신탁의 의미를 먼저 알아차리고 아이트라 공주를 술에 취한 아이게우스의 잠자리에 들여보냈던 겁니다. 그러면 둘 사이에서 아테네의 왕이 될 아들이 태어날 거라고 생각했던 거지요. 그렇게 외손자가 태어난다면 아들이 없는 핏테우스는 트로이젠의 왕위도 그에게 물려줄 생각이었어요.

아이게우스는 난감했습니다. 아이트라를 아테네로 데려갈까도 생각해 보았지만 아테네에 아내가 있으니 곤란했어요. 아테네의 시민들이 자신을 비난할 것 같았지요. 그는 아이트라를 남겨두고 홀로 떠나기로 결심합니다.

"미안하게 되었소. 하지만 그대를 아테네로 데려갈 수는 없소. 이 모든 것이 당신 아버지의 잘못이니 책임도 그에게 있소.

날 원망하지 마시오. 그런데 만약 아들을 낳게 되거든, 그 아이가 내 아이라는 사실은 절대 그 누구에게도 말하지 마시오. 대신 아이가 저 바위를 혼자 힘으로 밀어낼 수 있는 나이가 되면 아테네로 보내시오."

이렇게 말하고 아이게우스는 왕궁 한구석의 큰 바위 아래에 자신의 칼과 샌들을 넣어두었어요. 그리고 매정하게 떠났습니다. 아이트라는 그 자리에 주저앉아 떠나가는 아이게우스의 뒷모습을 바라보고만 있었지요. 그리고 열 달 후, 아이트라는 사내아이를 낳았어요. 그 아이가 바로 테세우스입니다.

핏테우스는 외손자 테세우스를 무척 사랑했지요. 장차 트로이젠의 왕이 될 아이라며 곱게 키웠어요. 테세우스는 외할아버지와 어머니의 사랑을 받으며 무럭무럭 자라났습니다. 하지만 자라면서 의문이 들었지요. 어느 날, 용기를 내서 아이트라에게 물었어요.

"엄마, 다른 아이들은 모두 아빠가 있는데, 왜 난 아빠가 없어?"

"아니, 너에게도 아빠가 있단다. 아빠가 보고 싶니?"

아이트라는 테세우스의 손을 잡고 바닷가로 갔습니다. 바닷

물이 부딪히는 바위 위에 모자가 나란히 섰지요.

"테세우스, 바다가 보이지? 저 바다를 다스리는 분이 누군지 아니?"

"바다의 신 포세이돈!"

"그래, 포세이돈. 그분이 바로 너의 아빠란다."

"포세이돈이 나의 아빠라고?"

"그래. 네가 태어나기 전, 나는 포세이돈 신전에 간 적이 있단다. 신에게 제사를 올리고 잠깐 잠이 들었지. 꿈에 포세이돈 신이 나타나서 나를 꼭 안으시더니 아들이 태어날 거라고 말했어. 그게 바로 너란다."

"정말? 내가 포세이돈 신의 아들이라니!"

그날 이후, 테세우스는 아빠가 보고 싶으면 왕궁을 나와 바닷가에 서곤 했지요. 고민을 털어놓기도 하고 자랑을 하기도 했습니다. 그러면 파도가 철썩거리면서 테세우스의 이야기를 거드는 것 같았어요. 그렇게 테세우스는 외로움을 달래곤 했습니다.

십수 년의 세월이 흘러 테세우스가 청년이 되었을 때 아이트라는 그를 데리고 궁전 구석의 옛 바위 앞으로 갔습니다.

"이 바위를 밀어서 움직일 수 있겠니?"

테세우스는 주저 없이 바위로 다가가 온 힘을 다해 바위를 밀었습니다. 밀려난 바위 밑에서 아이게우스가 숨겨놓았던 칼과 샌들을 아이트라가 꺼내 테세우스에게 주었지요. 그리고 출생의 비밀을 모두 털어놓았습니다. 포세이돈 신전에 갔던 그날, 아이게우스와 잠자리를 같이 하게 된 것을 말입니다.

"어쨌든 나는 네가 포세이돈 님의 아들이라고 믿는다. 이렇게 멋진 청년으로 자란 네가 자랑스럽다. 하지만 너의 인간 아버지는 아이게우스다. 그분을 찾아가거라. 그리고 아테네의 왕이 되거라."

아이트라의 갑작스럽고 충격적인 고백에 테세우스는 매우 혼란스러웠습니다. 그날 밤, 테세우스는 뜬눈으로 밤을 지새웠지요.

'어머니를 놔두고 아테네로 가는 것이 옳은 일일까? 아이게우스가 나의 아버지라니 그럴 수는 없어. 나와 어머니를 버린 남자가 내 아버지라니! 받아들일 수 없어. 지금까지 나만 믿고 살아오신 어머니를 놔두고 떠날 수는 없지. 지금까지 난 인간 아버지 없이도 잘 살았어. 그래, 내 아버지는 포세이돈이야.'

테세우스는 떠나지 않기로 결심했어요. 다음 날, 어머니를 찾아가 떠나지 않겠다고 말했지요. 그러자 아이트라는 테세우스에게 떠나라고 간곡하게 말했습니다.

"누구나 어른이 되면 자신만의 길을 가는 것이란다. 너에겐 지금이 바로 그 순간인 듯싶구나. 나도 너를 보내고 싶지는 않단다. 그러나 내 품 안에서 머무는 것은 너에게 좋지 않을 거야. 두렵겠지만 이곳을 벗어나 새로운 세상을 향해 떠나거라."

그날도 테세우스는 밤새 고민했습니다. 그리고 마침내 아테네로 떠나기로 결심했지요. 단 한 번뿐인 인생을 안락한 궁전에서 편안하게 보내는 것도 나쁘지는 않겠지만 그것보다는 새로운 세상을 향해 도전하는 것이 더 값지다는 결론을 내린 것입니다. 이틀 사이에 테세우스는 지난 이십 년보다 더 많이 성장한 것 같았습니다.

트로이젠에서 아테네로 가는 길은 두 가지가 있었습니다. 배를 타고 가는 길은 하루나 이틀밖에 걸리지 않았고, 편하며 안전한 길이었지요. 반면 육로로 간다면 오랜 시간이 걸리며 위험하기도 했어요. 도처에 악당과 괴물들이 도사리고 있었기 때문이었지요. 자칫 잘못하면 아테네로 가기도 전에 목숨을 잃을 수도 있는 그런 길이었습니다.

"어머니, 저는 육로로 가겠습니다. 이왕 왕궁을 벗어나 새로운 세상을 경험하는 것이라면 저를 시험하고 실력을 키울 수 있는 길로 가겠어요. 이십 년 동안 저는 궁전에서 곱게 자랐어요. 할 줄 아는 게 별로 없어요. 이제는 내가 어떤 능력을 가지고 있는지 그리고 이 세상은 어떤 곳인지 몸으로 직접 부딪혀가면서 알고 싶어요."

아이트라는 테세우스의 결심을 듣고 걱정에 사로잡혔어요. 말리고 싶었지요. 한편으로는 의연한 태도로 모든 것을 잘 이겨내라고 격려해주고 싶었지만 어쩌면 테세우스가 실패할 수도 있고 지금의 결정을 후회하게 될지도 모를 일이라 아주 불안했지요.

"걱정하지 마세요. 저는 포세이돈의 아들이잖아요."

그렇게 어머니를 안심시키고 테세우스는 트로이젠을 떠나 아테네를 향해 먼 길을 떠났습니다. 두려움과 기대감이 엉키면서 묘한 흥분이 일어났지요. 앞으로 어떤 일이 테세우스를 기다리고 있을까요?

세상에서 가장 비극적인
아버지의 바다, 에게해

  그리스와 튀르키예 사이에 있는 바다를 '에게해Aegean Sea'라
고 합니다. 그런데 '에게'라는 말은 어디에서 온 것일까요? 바
로 테세우스의 인간 아버지 아이게우스Aegeus의 이름에서 온
것입니다. 그러니까 에게해는 아이게우스의 바다라는 뜻이지
요. 이 바다에 아이게우스의 이름이 붙은 이유는 그가 이 바다
에 빠져 죽었기 때문이래요. 그 사연은 매우 비극적입니다. 앞
의 이야기에서는 테세우스가 아테네로 아이게우스를 만나러
가는 장면이 나오는데, 나중에 둘은 아테네에서 만나게 돼요
(이 책에서 그 이야기는 하지 않지만요). 하지만 두 사람은 헤어지게 되
지요. 테세우스가 크레타섬으로 가기 때문이에요. 그곳에 있는
미노타우로스라는 괴물을 무찌르기 위해서였지요. 모험은 쉽
지 않았어요. 아이게우스는 테세우스가 크레타에 가면 다시 돌
아오지 못할 거라고 생각했지요.

  그래도 테세우스가 이기고 돌아오면 배에 흰 돛을 달겠다고

아이게우스에게 약속했는데 아버지가 그토록 기다리던 배엔 검은 돛이 펼쳐져 있었습니다. 그 일 때문에 절망한 아이게우스가 바다로 뛰어들었다고 해요. 안타깝게도 테세우스는 살아서 돌아오고 있었어요. 다만 돛을 바꾸는 것을 깜빡한 것이었지요.

한편으론 테세우스가 일부러 약속을 어긴 게 아닐까 하는 생각도 듭니다. 아버지를 제거하기 위한 술책을 쓴 것이 아닐까요? 이들은 평범한 부자가 아닌 왕족입니다. 만약 자신이 성공해서 돌아오면 백성들이 열렬히 환영할 것이고 그러면 아버지가 질투를 느껴 혹시 자기를 해지지 않을까 두려워서 먼저 손을 쓴 것일지도 모르겠습니다. 돛을 바꾸라는 약속을 한 것도 생각해 보면 아버지가 자신의 생사 여부를 확인한 다음에, 살아서 돌아오면 자기를 제거하려고 했던 게 아닌가 하는 의심을 했을지도 모릅니다. 이렇게 보면 테세우스는 아버지와의 머리싸움에서 이긴 셈이라고 할 수 있겠네요.

도전하고, 도전하고, 또 도전하는 테세우스

　　페리페테스는 대장장이 신 헤파이스토스의 아들이었습니다. 어머니는 누구인지 모르고요. 헤파이스토스는 태어나면서부터 다리를 저는 장애를 안고 있었는데 페리페테스도 그랬습니다. 헤파이스토스는 장애를 안고 태어난 아들이 너무 불쌍해서 강력한 청동 곤봉을 선물로 주었지요. 기죽지 말고 당당하게 살라는 염원이었겠지요? 그래서 페리페테스에게는 '곤봉쟁이'라는 뜻의 '코뤼네테스'라는 별명도 붙었어요. '코뤼네Coryne'가 '곤봉'이라는 뜻이거든요.

　아마 페리페테스가 이 강력한 무기로 약한 사람을 구하는

데 썼다면 위대한 영웅으로 추앙을 받았을 겁니다. 하지만 그는 영웅이 아니라 악당이 되는 길을 가고 말았습니다. 트로이젠에서 아테네로 가는 길목, 특히 에피다우로스의 숲속에 숨어 있다가 지나가는 사람들을 발견하면 몰래 다가가 청동 곤봉으로 때려죽이고 재물을 빼앗았던 겁니다. 테세우스도 아테네로 가기 위해서는 그 길을 가야만 했습니다. 사람들은 그에게 페리페테스에 관한 이야기를 해주면서 조심하라고 경고했지요. 테세우스는 그 이야기를 듣고 겁이 났지만 가던 길을 멈추지는 않았습니다.

그런데 갑자기 페리페테스가 그의 앞으로 불쑥 나타나 청동 곤봉을 휘둘렀습니다. 하마터면 머리가 박살이 날 뻔했지요. 간신히 피하긴 했지만 아찔한 순간이었어요. 페리페테스가 다시 청동 곤봉을 휘둘렀고 이번에도 아슬아슬하게 피하긴 했지만 다리가 꼬이면서 테세우스가 뒤로 넘어지고 말았지요. 이대로 끝장이 날 판이었어요. 페리페테스가 다시 가격하자 테세우스는 몸을 옆으로 굴려 피하면서 발로 페리페테스의 다리를 가격했지요. 페리페테스가 중심을 잃고 비틀거리는 사이, 몸을 일으킨 테세우스는 페리페테스에게 달려들어 곤봉을 빼앗으려 했지요. 하지만 페리페테스의 힘은 엄청났어요. 페리페테스는 청동 곤봉을 빼앗기지 않으려고 안간힘을 썼고 테세우스는 그것을 빼앗으려고 필사적으로 온 힘을 짜냈습니다.

그렇게 실랑이를 벌이던 중, 틈이 생기자 테세우스가 이마로 페리페테스의 얼굴을 힘껏 박았고 페리페테스는 비명을 질렀습니다. 순간적으로 페리페테스의 손에 힘이 풀리자 테세우스는 곤봉을 빼앗았어요. 그리고 페리페테스를 겨냥했지요.

"이 나쁜 놈! 이 끔찍한 곤봉으로 얼마나 많은 사람을 죽였냐? 그 사람들이 겪은 고통을 너도 똑같이 느껴라! 신의 아들로 태어났으면 그에 맞는 행동을 했어야지!"

테세우스는 페리페테스를 향해 청동 곤봉을 휘둘렀고 페리페테스는 머리를 맞고 쓰러졌어요. 힘이 다 빠진 테세우스는 페리페테스의 시신 앞에 풀썩 주저앉고 말았지요. 머리에서 발끝까지 피로가 급류처럼 몰려왔기 때문이었어요.

'어휴, 큰일 날 뻔했어. 하마터면 여기서 죽을 수도 있었잖아? 앞으로도 이런 악당을 계속 만나게 되는 건가? 내가 세상을 너무 만만하게 본 것 같아. 지금이라도 배를 타고 갈까? 아니, 모든 걸 포기하고 집으로 돌아갈까? 역시 어머니 품이 좋

아. 벌써 어머니가 보고 싶구나.'

그러나 테세우스는 다시 일어섰습니다. 시냇물로 가서 페리 페테스의 피로 얼룩진 얼굴과 손 그리고 청동 곤봉을 깨끗이 씻었어요.

'하지만 난 해냈어. 여기서 포기할 수는 없지. 좀 더 가보자.'

그때부터 테세우스는 페리페테스의 청동 곤봉을 가지고 다 녔답니다. 아테네를 향해 다시 여정을 시작한 테세우스가 향한 곳은 이스트모스라는 곳이었어요. 펠로폰네소스 반도에서 그 리스 본토로 들어가는 지협의 입구에 있는 곳이었는데, 소나무 가 많기로 유명했지요. 사람들은 테세우스에게 시니스라는 악 당을 조심하라고 경고했어요.

"그놈은 소나무 숲속에 숨어 있다가 지나가는 사람을 잡아 손과 발을 꽁꽁 묶는다네. 그리고 엄청난 힘으로 두 그루의 커 다란 소나무 가지를 잡아당기지. 한 그루의 가지에는 손을 묶 고, 다른 한 그루의 가지에는 발을 묶은 다음, 잡고 있던 가지를 놓는다네. 그러면 어떻게 되겠나? 나무들이 원래 자리로 돌아 가는 탄력에 사람들의 사지가 종잇장처럼 찢어지지. 벌써 수십 명이 그렇게 목숨을 잃었다네."

테세우스는 등골이 오싹했어요. 시니스에게 잡혀 소나무 가지에 손발이 꽁꽁 묶여 온몸이 찢길 것을 상상하니 섬뜩했습니다. 당장이라도 모든 것을 포기하고 집으로 돌아가고 싶었지요. 아니면 배를 탈까 하는 생각도 들었고요. 약해지는 마음을 다잡게 해준 것은 손에 들린 청동 곤봉이었습니다. '그래, 내가 페리페테스를 무찔렀잖아! 시니스를 두려워할 필요는 없어. 난 해낼 수 있을 거야. 난 포세이돈의 아들이잖아!'

그런데 문득 테세우스는 궁금해졌습니다. '도대체 그는 어떤 사람일까? 왜 그런 악당이 되었을까.' 그의 출신에 관해서는 여러 가지 이야기가 있었습니다.

"시니스는 바다의 신 포세이돈의 아들이라고 하더라고. 그래서 그렇게 힘이 센 거래."

"아니야, 포세이돈의 아들이 아니라 포세이돈의 손자라고 하던데. 엘레우시스에서 여관을 운영하는 악당 대장장이 폴뤼페몬의 아들이래."

"무슨 소리야, 그런 악당이 포세이돈 신의 아들일 리가 없지. 그게 아니라 트로이젠의 공주 헤니오케의 아들이라는 말을 들었어, 난."

테세우스는 시니스에 관한 이야기를 들으면서 또 한번 놀랐습니다. 소문대로 시니스가 포세이돈의 아들이라면 테세우스의 배다른 형제이기도 하니까요. 포세이돈의 손자라면 조카뻘일 테고요. 더욱더 그를 놀라게 한 것은 시니스가 헤니오케의 아들이라는 소문이었습니다. 헤니오케는 테세우스의 이모였으니까, 그렇게 되면 시니스는 테세우스의 사촌인 겁니다. 테세우스는 시니스를 만나고 싶었어요. 왠지 말이 통할 것도 같았거든요. 그는 시니스가 숨어 지낸다는 소나무 숲으로 들어갔습니다.

숲속 깊숙이 한참을 들어가자 마침내 시니스가 나타났어요. 턱수염이 더부룩하게 난 험악한 얼굴이었지요. 그는 비릿한 웃음을 흘리며 테세우스를 노려보고 있었지요. 테세우스는 일단 대화를 시도하려고 했습니다. 입을 열려는 순간, 시니스는 다짜고짜 테세우스에게 달려들어 목을 졸랐어요. 테세우스는 곤봉을 떨어뜨렸고 목을 조이는 시니스의 두 손을 떼어내려고 했지요. 그러나 힘이 너무나 세서 도무지 헤어날 수가 없었어요. 점점 정신이 아득해지고 죽을 것만 같았지요.

테세우스가 무릎으로 시니스의 급소를 힘껏 쳤을 때 겨우 빠져나올 수 있었어요. 그리고 얼른 곤봉을 집어 들어서 시니스의 허리를 쳤지요. 하지만 시니스는 소문대로 엄청난 힘을 지니고 있었어요. 테세우스에게 쏜살같이 달려들어 곤봉을 쳐낸 후 그의 손과 발을 묶으려고 했지요. 테세우스는 필사적으로 저항했고 마침내 다시 곤봉을 집어들어 시니스의 다리를 쳐서 쓰러뜨렸어요.

"나쁜 놈. 혹시 네놈이 나의 친척일지도 모른다고 생각해서 이야기를 나눠볼까 했는데 말이 통하지 않는 놈이구나. 네놈은 살 가치가 없다. 네 손에 죽어갔던 사람들의 고통이 어떤 것인지, 너도 똑같이 당해 봐라!"

테세우스는 사람들에게 들었던 대로 시니스의 손발을 묶고 소나무 가지를 잡아당겨 그에게 희생당한 사람들의 원수를 대신 갚아주었어요. 소나무가 펼쳐지면서 공중으로 솟구친 시니스의 몸은 산산조각이 났고 테세우스는 땅바닥에 털썩 주저앉아 통곡하며 하염없이 울었습니다. 왜 그렇게 눈물이 흘러나오는지 알 수가 없었지요. 계속 이 길을 가야 하는 것인지, 생각만 해도 너무 힘들고 피곤했습니다. 다 포기하고 집으로 돌아가고 싶었지만 행여 어머니가 실망할까 봐 돌아가진 못했어요. 이쯤

에서 배를 타고 아테네로 가야겠다는 생각도 들었지요.

'이 길의 끝은 어딜까? 어떤 일까지 겪게 될지…… 그래, 일단 좀 더 가보자. 세상이 어떤 곳인지, 난 어떤 존재인지, 어떤 일까지 해낼 수 있는지, 그래, 끝까지 해보자.'

테세우스는 그렇게 결심하고 이를 악물고 다시 일어섰습니다. 아테네로 가는 길을 계속 갔지요. 그 이후에도 테세우스는 여러 악당과 괴물을 만났습니다. 크롬뮈온이라는 곳에서는 파이아라는 이름의 괴물 멧돼지를 만났어요. 소문에 따르면 그놈은 튀폰과 에키드나라는 괴물의 자식인데 그 일대 농토를 쑥대밭으로 만들고 사람들까지 해쳤다고 합니다. 테세우스는 온 숲을 헤집고 다니며 멧돼지를 찾아내서 청동 곤봉으로 흠씬 두들겨 패서 뻗게 만들었지요. 그리고 그동안 멧돼지 때문에 고통을 당한 사람들을 모두 모아 푸짐한 멧돼지 바비큐 파티를 벌였다고 합니다.

메가라에서는 스케이론이라는 악당을 만났습니다. 그에 관해서도 여러 가지 소문이 있었어요. 펠롭스와 힙포다메이아의 아들이라는 이야기도 있었고, 포세이돈의 아들이라는 소문, 그리고 헤니오케 이모의 아들이라는 소문도 있었지요. 이놈은 바닷가 절벽 가까운 숲속에 살고 있었는데 지나가는 사람을 잡아 무릎을 꿇리고 나서 본인의 발을 씻기도록 했어요. 그러다가 갑자기 상대를 발로 차서 바다에 빠뜨려 죽였다고 합니다. 테세우스는 스케이론도 똑같은 방법으로 바다에 빠뜨려 죽였지요.

엘레우시스에서는 케르퀴온을 만났는데 그는 포세이돈의 아들이라고 합니다. 테세우스와 배다른 형제였어요. 신의 혈통을 타고 태어난 그는 엘레우시스의 왕 노릇을 하고 있었지요. 힘이 무지 셌는데 특히 레슬링에선 상대가 없을 정도였어요. 그는 외지인이 엘레우시스의 영토로 들어오면 레슬링 시합을 했습니다. 그가 압도적인 힘으로 상대를 조르면 상대는 갈비뼈가 부러져 죽기도 하고 질식해서 숨을 거두기도 했지요. 넘쳐나는 힘을 그렇게 사람을 괴롭히는 데 쓰면서 희열을 느끼는 악당이었어요. 아테네로 가기 위해 엘레우시스를 지나던 테세우스도 케르퀴온에게 잡혀 레슬링 경기를 하게 되었습니다. 트로이젠을 출발해서 엘레우시스까지 오는 동안 테세우스는 그를 대적할 자가 없을 만큼 강하게 성장해 있었지요. 그는 케르퀴온을 힘으로 제압해 들어 올리더니 천지를 진동하는 기합을 지르며 힘껏 공중으로 내던졌어요. 하늘 높이 솟구쳤다 땅으로 처박힌 케르퀴온은 즉사하고 말았지요.

그리고 마지막으로 아테네로 들어가기 직전, 테세우스는 하룻밤을 보내기 위해 여관에 들어섰습니다. 주인은 테세우스를 위아래로 훑어보더니 큰 침대가 있는 방으로 데려갔지요. 내일이면 드디어 아테네에 들어간다는 생각에 테세우스는 긴장이 풀렸고 피로가 파도처럼 밀려왔어요. 곧 깊은 잠이 빠져들었습니다. 얼마나 지났을까요? 주인이 들어와 테세우스를 깨웠습니다. 그런데 눈을 뜬 테세우스는 꼼짝도 할 수 없었어요. 그의 몸이 밧줄로 꽁꽁 침대에 묶여 있는 거였어요. 버둥대는 테세우스를 내려다보며 주인은 음흉한 미소를 지었습니다. 그의 손에는 커다란 도끼가 들려 있었지요.

"아무리 움직여도 소용없어. 아, 내 소개를 하지. 내 이름은 프로크루스테스다. '쭉 늘린다'라는 뜻이지. 하지만 어떤 때는 싹둑 잘라 줄이기도 하지. 너처럼 키가 큰 손님은 작은 침대에 맞게 도끼로 싹둑 잘라 줄여주고, 키가 작은 손님은 큰 침대에 맞게 망치로 두들겨 쭉 늘려주지. 네 이야기는 많이 들었다. 여러 악당들을 물리쳤다며? 하지만 오늘이 너의 마지막이다. 나도 너처럼 포세이돈의 아들이지. 하지만 난 너처럼 잘난 영웅이 아니라 무서운 악당이 되기로 했어. 이 세상은 착해서는 살 수가 없는 곳이거든. 사람들의 사랑을 받는 사람보다는 사람들이 두려워하는 사람이 되는 게 좋지. 악당이 영웅보다 강하다는 것을 오늘 내가 제대로 보여주겠다.”

프로크루스테스는 테세우스를 노리며 도끼를 잡은 두 손을 머리 위로 번쩍 들어 올렸습니다. 테세우스는 있는 힘을 다해서 밧줄을 끊으려고 했지요. 하지만 밧줄은 질겼고 끊어질 기미가 보이지 않았어요. 테세우스의 모험은 이대로 끝나는 걸까요? 테세우스는 마지막 힘을 다해 몸을 뒤척여 침대를 흔들었고, 도끼에 맞을 뻔한 순간 침대를 살짝 기울게 만드는 데 성공했지요. 테세우스의 다리를 향해 정확하게 내려오던 도끼는 목표물을 빗겨나가며 다리를 묶고 있던 밧줄을 끊게 되었어요. 테세우스는 발로 프로크루스테스의 머리를 힘껏 쳤고, 강력한 킥에 프로크루스테스는 맥없이 쓰러졌습니다.

프로크루스테스가 정신을 차렸을 때 그가 발견한 것은 침대에 묶인 자기 자신의 모습, 그리고 그를 내려다보고 서 있는 테세우스의 위풍당당한 모습이었습니다.

“내 형제여, 포세이돈의 자식이면서 포세이돈의 이름을 더

럽히다니. 강한 힘을 약한 자를 돕는 선한 일에 썼다면 너도 영웅이 되었을 텐데. 세상이 아무리 험하고 악해도 선한 마음을 가진 자가 결국 승리하게 된다는 것을, 영웅이 악당보다 강하다는 것을 오늘 내가 제대로 너에게 보여주마. 그동안 너에게 당했던 사람들의 고통을 고스란히 너에게 돌려주겠다!"

테세우스는 청동 곤봉을 높이 쳐들고 프로크루스테스를 향해 힘껏 내리쳤습니다. 그리고 여관을 나와서 아테네를 향해 힘찬 걸음을 내디뎠습니다. 두려운 마음을 안고 시작한 도전과 모험이 그를 아주 강한 영웅으로 성장시켜 주었지요.

만약 그가 도전하지 않았다면 그는 트로이젠 왕궁에서, 어머니의 품 안에서 '마마보이'처럼 나약하게 살았을지도 모릅니다. 혼자서는 아무것도 제대로 할 줄 모르는 무능한 사람으로 남았겠지요? 그러나 두려움을 극복하고 용기를 내서 도전하는 자만이 성공할 수 있으며, 설령 모든 일에서 성공하지 못하고 때로는 실패를 경험한다고 해도 도전한 만큼은 성장하게 될 것이며, 그런 성장을 통해 궁극적으로 성공에 더욱더 가까이 다가서게 될 겁니다. 테세우스와 그리스 로마 신화의 수많은 이야기를 만들어낸 영웅들은 앞으로 다가올 여러분의 신나고 멋진 도전과 모험을 응원할 겁니다.

어쩌면 나의 생각도 편견으로
가득 찬 '프로크루스테스의 침대'일지도

여러분은 혹시 프로크루스테스 같은 사람을 만나 본 적이 있나요? 그렇게 끔찍한 악당은 없겠지요? 그런데 서양인은 이런 말을 하곤 한답니다. "우리를 당신의 프로크루스테스의 침대 안으로 들어가길 강요해서는 안 됩니다We should not be forced into your Procrustean bed!" 또는 "왜 당신은 우리를 당신의 프로크루스테스의 침대에 눕히려고 하십니까?"라고 하는데 무슨 뜻일까요? 자기 기준을 세워놓고 다른 사람을 그 기준에 맞추려고 강요하고 억압하는 사람은 이 시대의 프로크루스테스라고 할 수 있는 거죠. 신화는 상징적 이미지와 이야기가 결합된 것이며 우리가 삶 속에서 겪을 수 있는 일들에 대한 은유적 표현입니다. 친구들에게 자기 주장을 강요하는 사람은 일종의 프로크루스테스인 셈이지요. 자식들에게 자기 가치관을 강요하는 부모님도, 학생들에게 자율성을 박탈하며 강제하는 선생님도, 사업체에서 직원들을 관리하는 높은 직급의 임원들도 종종 이런 모습을 보이는데 그들의 행동은 결국 프로크루스테스의 침대에 다른 사람을 맞추려고 하는 셈입니다.

통계학에서도 '프로크루스테스 기법'이라는 말을 종종 씁니다. 자신이 원하는 결과를 주장하기 위해 통계적 수치를 줄이거나 늘리는 수법을 쓸 때 하는 말이지요. 그러고 보면 우리 주변에는 많은 프로크루스테스가 있다는 것을 느낄 수 있지요. 그리고 자기 자신을 잘 들여다본다면 본인도 타인에게 프로크루스테스처럼 행동한 모습을 발견할 수도 있을 거예요. 사람은 누구나 다른 사람에 대해 어느 정도는 프로크루스테스인 셈입니다. 이런 사실을 기억한다면 다른 사람을 대할 때 좀 더 조심하며 배려할 수 있겠지요?

밤하늘을 수놓은 별자리 이야기

　해가 저물면 밤하늘에는 달과 수많은 별이 뜹니다. 하늘에 새겨진 아름다운 무늬들이지요. 이를 한자로 '천문天文'이라고 합니다. 조선의 기틀을 세운 삼봉 정도전은 "일월성신이 천문이로다"라고 했습니다. 해와 달과 별이 하늘의 무늬라는 뜻입니다. 1928년 국제천문연맹IAU은 여든여덟 개의 별자리를 공식 별자리로 지정했지요. 그중에서도 사람들의 생일 달에 맞춰진 열두 개의 별자리가 가장 유명합니다. 그리고 각 별자리에는 수호성이 있어요. 이 수호성들은 모두 태양계의 식구들입니다. 그런데 수호성들도 모두 그리스 로마 신화의 인물들에서 이름을 가져왔지요. 이제 각 별자리에 얽힌 가장 유명한 이야기를 하나씩만 소개해볼까요?

양자리Aries(3/21~4/19 사이의 별자리)의 주인공은 크뤼소말로스라는 황금털을 가진 양입니다. 하늘을 날 수 있는 능력을 가졌지요. 제우스가 프릭소스와 헬레를 구하기 위해 세상에 보낸 신비로운 양입니다. 두 남매는 계모에게 죽임을 당할 뻔했는데 제우스가 그들을 불쌍히 여긴 겁니다. 크뤼소말로스를 타고 날아올라 목숨을 구한 두 남매는 유럽 대륙에서 아시아로 건너갔지요. 하지만 불행히도 헬레가 그만 떨어져 바다에 빠졌어요. 프릭소스 혼자 콜키스에 도착했을 때, 제우스에게 감사의 제사를 드리면서 양을 제물로 바쳤고, 황금양털은 자신을 영접해준 콜키스의 왕에게 바쳤지요. 양자리의 수호성은 화성Mars입니다. 전쟁의 신 마르스, 그리스신화의 아레스입니다. 불처럼 붉게 빛나는 화성은 전쟁의 신과 잘 어울리지요?

황소자리Taurus(4/20~5/20)의 주인공은 제우스입니다. 그는 페니키아의 공주인 에우로페에 반해 황소로 변신하여 그녀에게 다가갔지요. 황소의 모습에 반한 에우로페가 등에 올라타자, 황소로 변신한 제우스는 그녀를 태우고 크레타섬으로 갔지요. 그곳에서 세 명의 아들을 낳았는데, 그중 미노스가 왕이 되어 크레타를 당시 최대 강국으로 만들었습니다. 그렇게 에우로페Europe의 아들 미노스에 의해 유럽Europe 최초의 문명이 태어났다고 합니다. 서양 문명사를 신화적으로 풀어낸 것이라고 할 수 있습니다. 황소자리의 수호성은 금성Venus인데 이는 아름다움과 매력, 사랑의 여신 베누스, 그리스 신화의 아프로디테입니다. 밤하늘에 가장 먼저 빛나는 아름다운 별 금성과 잘 어울리지요?

쌍둥이자리Gemini(5/21~6/20)의 주인공은 카스토르와 폴뤼데우케스입니다. 둘은 제우스의 아들입니다. 탄생이 특이하지요. 제우스가 백조로 변신해서 스파르타의 왕비인 레다와 결합해서 낳은 자식들인데, 레다는 두 개의 커다란 백조 알을 낳았다고 합니다. 그리고 그중 하나에서 이 쌍둥이 형제가 태어난 거지요. 다른 하나의 알에서는 헬레네와 클뤼타임네스트라가 태어났는데, 이중 헬레네와 폴뤼데우케스는 제우스의 자식인 반면, 클뤼타임네스트라와 카스토르는 레다의 남편인 튄다레오스의 자식이었대요. 하지만 카스토르와 폴뤼데우케스를 디오스쿠로이라고 부르기도 하는데 이는 '제우스의 소년들'이라는 뜻으로, 둘 다 제우스의 아들로 보는 것이지요. 쌍둥이자리의 수호성은 수성Mercury인데 제우스의 전령 메르쿠리우스, 그리스 신화의 헤르메스입니다. 수성은 태양계에서 공전의 주기가 가장 짧지요. 그만큼 태양 주위를 가장 빠른 속도로 돌기 때문에 메르쿠리우스, 헤르메스와 연결시킨 겁니다.

게자리Cancer(6/21~7/22)의 주인공은 헤라클레스와 관련이 있습니다. 헤라클레스는 자식들을 죽이는 끔찍한 범죄를 저지르는데 이 죄를 씻기 위해 열두 개의 과업을 수행하게 되지요. 그중 두 번째 과제는 레르나 늪지에 사는 히드라를 물리치는 것이었습니다. 히드라는 여러 개의 머리를 가진 괴물이었는데 헤라클레스가 머리를 하나 자르면 잘린 목에서 두 개의 머리가 다시 솟아났대요. 헤라클레스는 조카인 이올라오스의 도움으로 잘린 히드라의 목을 불로 지져 더 이상 머리가 자라지 못하게 했지요. 헤라는 헤라클레스가 히드라를 물리치지 못하게 방해하려고 엄청 큰 게를 보냈는데, 헤라클레스는 게에 겁먹지 않고 발로 밟아 죽였지요. 헤라는 자신의 심부름을 하다 죽은 게를 불쌍하게 여겨 하늘의 별자리로 만들어주었답니다. 게자리의 수호성은 달인데 이는 달의 여신 아르테미스 여신과 연결됩니다.

사자자리Leo(7/23~8/22)도 헤라클레스의 열두 가지 과업과 관련이 있습니다. 첫 번째 과업이 네메아에 사는 사자를 물리치는 것이었지요. 이 사자는 제우스를 절체절명의 위기에 빠뜨렸던 튀폰과 에키드나의 자식이었어요. 앞에서 소개한 히드라도 이들의 자식이었지요. 네메아의 사자는 덩치도 엄청나게 컸지만 가죽은 칼과 창, 화살로도 뚫을 수 없을 정도로 단단했습니다. 헤라클레스는 목을 졸라 사자를 물리친 후, 가죽을 벗겨 방탄 갑옷처럼 입고 다녔지요. 제우스는 헤라클레스의 위대한 업적을 기리기 위해 네메아의 사자를 별자리가 되게 하였대요. 사자자리의 수호성은 태양인데요, 태양의 신 헬리오스, 또는 아폴론과 연결되지요. 이를 로마 신화에서는 솔Sol이라고 불러요.

처녀자리Virgo(8/23~9/22)의 주인공에 관해서는 여러 가지 이야기가 있습니다. 대지의 여신 데메테르 또는 그녀와 제우스의 딸 페르세포네가 주인공이라는 설도 있고요. 혹은 그녀가 양팔 저울을 들고 있다고 보는 사람들은 처녀자리의 주인공은 정의의 여신 디케나 유스티티아, 아스트라이아라고 이야기해요. 널리 알려진 이야기 중에 하나는 처녀자리의 주인공은 포도주의 신 디오뉘소스를 숭배하던 이카리오스의 딸 에리고네라는 겁니다. 이카리오스는 디오뉘소스에게 포도주를 만드는 법을 배워 목동들에게 포도주를 선사했대요. 술에 취해 기분이 좋아진 목동들은 몸을 가누기 힘들어지자 이카리오스가 자신들의 가축을 가로채기 위해 독약을 먹인 것이라고 오해하고 이카리오스를 죽였지요. 아버지를 찾아 헤매던 에리고네는 절망하여 목을 매달아 죽었대요. 이를 불쌍하게 여긴 디오뉘소스가 제우스에게 부탁하여 하늘의 별자리로 만들었답니다. 처녀자리의 수호성은 쌍둥이자리와 같은 수성입니다.

천칭자리Libra(9/23~10/22)의 주인공은 이름 그대로 천칭, 즉 양팔 저울입니다. 그런데 누구의 양팔 저울일까요? 순결과 정의로움의 여신 아스트라이아라는 이야기도 있고, 정의의 여신 디케 또는 그의 어머니이자 법도의 여신 테미스가 천칭의 주인이라는 이야기도 있습니다. 어떤 기록에 따르면 아스트라이아는 디케 여신의 별명이라고도 합니다. 양팔 저울은 공정하게 무게를 잰다는 뜻에서 정의와 법도를 상징하기 때문에 이런 이야기가 만들어진 것 같습니다. 참고로 아스트라이아는 새벽의 여신 에오스와 별의 신 아스트라이오스의 딸이지요. 정의와 법은 하늘의 별처럼 숭고하고 고귀하게 빛난다는 생각도 반영된 것 같습니다. 천칭자리의 수호성은 황소자리와 같은 금성입니다.

전갈자리Scorpio(10/23~11/21)의 주인공은 오리온과 관련이 있습니다. 오리온은 포세이돈의 아들이었어요. 그래서 포세이돈은 오리온에게 바다를 걸어다닐 수 있는 능력을 주었다고 합니다. 그는 사냥에도 뛰어났지요. 그런데 자만심이 문제였습니다. 자신이 사냥의 여신 아르테미스보다 훨씬 더 뛰어난 사냥 실력을 갖추고 있다고 자랑하고 다닌 겁니다. 화가 난 아르테미스 여신은 전갈을 보내 오리온을 죽여버렸지요. 아르테미스는 전갈을 칭찬하는 의미에서 하늘의 별자리로 만들었다고 합니다. 그래서 제우스는 오리온도 별자리로 만들어주었지요. 하지만 전갈자리가 나타나면 오리온자리는 사라지고, 전갈자리가 사라지면 그때 오리온자리가 나타난대요. 전갈자리의 수호성은 명왕성Pluto인데, 저승의 신 플루토, 하데스와 연결됩니다. 명왕성이 태양계에서 가장 바깥자리를 돌고 있기 때문에 그렇게 연결시킨 것 같아요.

사수자리Sagittarius(11/22~12/21)의 주인공은 케이론입니다. 그는 시간의 신 크로노스와 오케아노스의 딸 필뤼라의 아들입니다. 그런데 둘이 사랑을 나누는 현장을 크로노스의 부인 레아가 급습했지요. 크로노스는 들키지 않으려고 말로 변신했지요. 그것 때문에 나중에 필뤼라가 낳은 아들은 허리 위로는 인간의 모습이지만 허리 아래는 말인 반인반마의 모습을 가지게 되었대요. 그는 매우 지혜롭고 궁술과 의술 등 다방면에서 뛰어난 재능을 가지고 있어서 헤라클레스와 아킬레우스, 이아손, 아스클레피오스 등과 같은 영웅들의 스승이었습니다. 사수자리의 수호성은 목성Jupiter입니다. 신들의 왕 읍피테르, 그리스 신화의 제우스와 연결됩니다. 목성이 태양계의 행성 중에서 가장 크기 때문에 그렇게 연결된 것 같아요.

염소자리Capricornus(12/22~1/19)의 주인공은 제우스와 관련이 있습니다. 아말테이아라는 염소인데 제우스가 어렸을 때이 염소의 젖을 먹고 자랐다고 하지요. 제우스의 아버지 크로노스는 자식들이 태어날 때마다 집어삼켰습니다. 자식들에게 권력을 빼앗길까 봐 두려웠기 때문이었지요. 레아는 제우스만은 살려야겠다고 결심하고 몰래 크레타의 한 동굴로 가서 낳고 요정들에게 맡겼는데, 요정들이 아말테이아를 데려와 제우스에게 젖을 먹였던 겁니다. 나중에 제우스는 크로노스의 뱃속에 갇힌 형제자매들을 구하고 함께 힘을 합쳐 크로노스를 몰아내고 새로운 권력자로 등극하게 되지요. 그리고 자신을 길러준 염소 아말테이아가 고마워 별자리로 올렸던 겁니다. 염소자리의 수호성은 토성Saturn입니다. 시간의 신 사투르누스, 즉 그리스 신화의 크로노스와 연결됩니다.

물병자리Aquarius(1/20~2/18)의 주인공은 가뉘메데스입니다. 트로이아의 왕 트로스의 아들이었는데 너무나도 아름답고 잘생긴 청년이었지요. 올륌포스의 제우스가 그를 보고 반해 독수리로 변신해서 납치해 데려와서 신들에게 넥타르를 따라주는 시종으로 삼았다고 합니다. 원래는 헤베 여신이 그 일을 맡았는데, 헤라클레스가 올륌포스로 올라와 헤베와 결혼하자 헤베의 역할을 가뉘메데스가 하게 되었던 겁니다. 물병자리의 수호성은 천왕성Uranus인데 하늘의 신 우라노스와 연결됩니다.

물고기자리Pisces(2/19~3/20)의 주인공은 아프로디테와 에로스입니다. 두 모자는 거대한 괴물 튀폰이 올륌포스를 공격했을 때, 너무나도 무서워 싸울 생각은 못 하고 냅다 도망쳤지요. 그때 두 마리의 물고기로 변신했대요. 튀폰은 가이아와 타르타로스가 결합해서 태어난 엄청난 괴물이었는데 두 팔을 쭉 뻗으면 동쪽 끝과 서쪽 끝에 닿았고 벌떡 일어서면 머리가 하늘에 닿았다고 하지요. 제우스도 그와 싸우다가 온몸의 힘줄이 끊기며 최대의 위기를 맞이하기도 했습니다. 물고기자리의 수호성은 해왕성Neptune입니다. 바다의 신 넵투누스, 그리스 신화의 포세이돈이지요. 물고기자리와 잘 어울리지요?

여러분의 생일은 어떤 별자리이며 수호성은 무엇인가요? 신화의 내용을 연결시켜 여러분의 성격과 행동, 운명 등을 상상해보면 흥미로울 거예요. 어쩌면 별자리의 인물들이 여러분을 항상 지켜보면서 힘들 때나 어려울 때 도와줄 거라고 믿으면 힘이 될지도 모릅니다.

신비로운 옛 신전이 품은 26가지 이야기 씨앗

신화의 숲

초판 1쇄 발행 2024년 5월 20일
초판 6쇄 발행 2024년 7월 24일

지은이 김헌
펴낸이 김선준

편집이사 서선행
책임편집 배윤주 편집2팀 유채원
디자인 정란 표지·본문 일러스트 Nal
마케팅팀 권두리, 이진규, 신동빈
홍보팀 조아란, 장태수, 이은정, 권희, 유준상, 박미정, 이건희, 박지훈
경영지원 송현주, 권송이

펴낸곳 (주)콘텐츠그룹 포레스트 출판등록 2021년 4월 16일 제2021-000079호
주소 서울시 영등포구 여의대로 108 파크원타워1 28층
전화 02) 332-5855 팩스 070) 4170-4865
홈페이지 www.forestbooks.co.kr
종이 (주)월드페이퍼 출력·인쇄·후가공 더블비 제본 책공감

ISBN 979-11-93506-44-8 (43160)

㈜콘텐츠그룹 포레스트는 독자 여러분의 책에 관한 아이디어와 원고 투고를 기다리고 있습니다.
책 출간을 원하시는 분은 이메일 writer@forestbooks.co.kr로 간단한 개요와 취지, 연락처 등
을 보내주세요. '독자의 꿈이 이뤄지는 숲, 포레스트'에서 작가의 꿈을 이루세요.